U1075750

伟大历程　辉煌成就

国庆群众游行彩车

庆祝中华人民共和国成立 70 周年
大型成就展领导小组办公室

扫码观看网上展馆

前　言

壮阔七十载，奋进新时代。

庆祝中华人民共和国成立70周年群众游行以“同心共筑中国梦”为主题，分“建国创业”“改革开放”“伟大复兴”三个篇章，10万名群众、70组彩车组成36个方阵和3个情境式行进，展现在中国共产党领导下中华民族从站起来、富起来到强起来的伟大飞跃，抒发广大人民群众对中国共产党、中华人民共和国的由衷赞美和无限热爱。

彩车是群众游行的重要组成部分，更是群众游行的焦点和亮点。70组彩车由36组主题彩车和34组地方彩车组成。主题彩车选取生动传神、便于理解的形象元素和造型载体，注重政治性的艺术化表达、思想性的场景化呈现，将传统文化与现代艺术充分结合，集中展现时代记忆、国家进步和社会发展，展现党的十八大以来党和国家事业取得的历史性成就、发生的历史性变革。地方彩车在兼顾整体效果的同时，突出各省（区、市）和港澳台地区特点，充分展示历史文化、区域特色和发展成就，彰显祖国山河之美，反映各地群众的幸福生活，表达全国各族人民齐心共庆新中国盛世华诞的喜悦。

70组彩车内涵深刻、造型丰富、色彩绚丽、变化多姿，呈现出宏伟的史诗性、独特的民族性、强烈的时代性、鲜明的艺术性，思想性与艺术性完美统一，人与车有机融合，整齐方阵连成壮丽画卷、浓缩故事传递真实道理、生动场景展示伟大时代，在长安街上展开一幅流动的新中国发展、新时代奋进的壮美画卷。

目　录

主题彩车

地方彩车

主题彩车

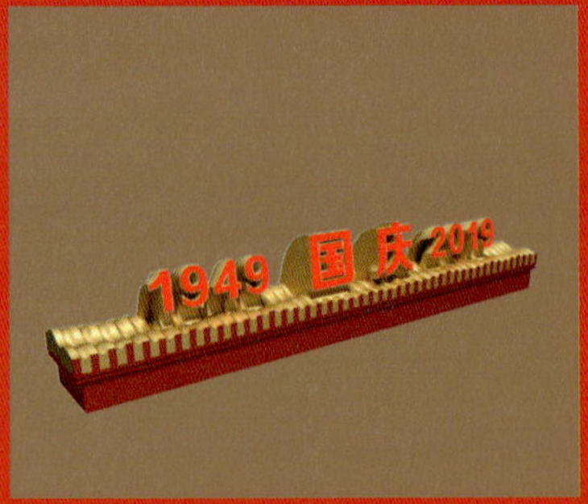

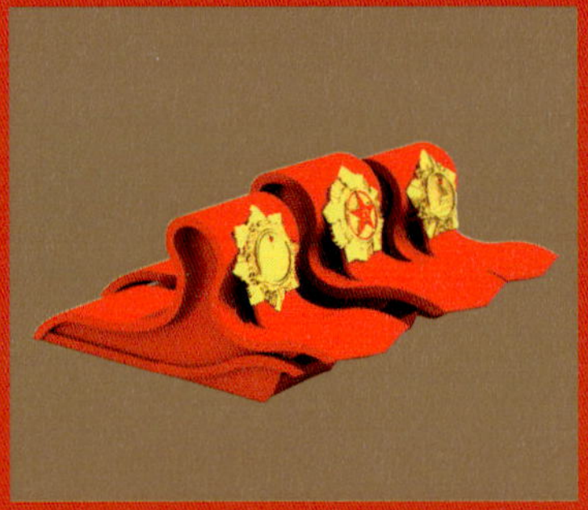

祖国万岁

1949
国庆

年号彩车

山水纹样

表现内容 体现国家庆典的庄严隆重。

创意说明 提炼传统山水纹样元素，结合当代艺术语言，构成年号彩车车体装饰。与国徽彩车、领袖画像彩车底座风格一致，共同构成国庆 70 周年群众游行的制式彩车系列，象征伟大祖国在历史的长河中勇立潮头、不断前行。

国徽彩车

山水纹样

汉白玉栏杆

表现内容 体现国家庆典的庄严隆重。

创意说明 提炼传统山水纹样元素，结合当代艺术语言，构成国徽彩车车体装饰。与年号彩车、领袖画像彩车底座风格一致，共同构成国庆 70 周年群众游行的制式彩车系列，象征伟大祖国在历史的长河中勇立潮头、不断前行。

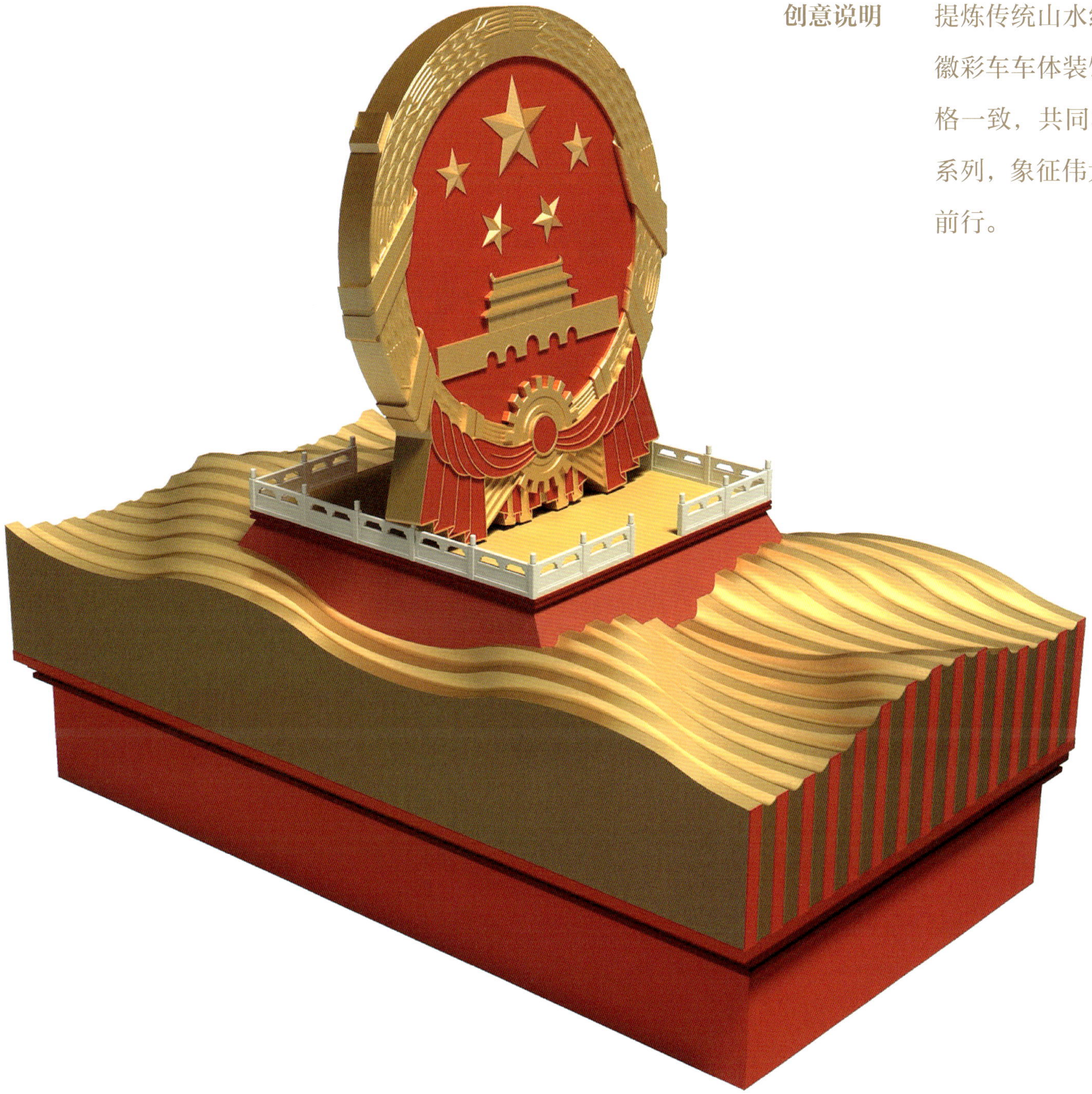

1949
国

庆
2019

礼宾车

五星浮雕

国庆 70 周年活动标识

如意云纹栏杆

表现内容　铭记老一辈领导人、建设者和军队英模的丰功伟绩，弘扬他们的精神和风范，表达人民群众对他们的爱戴与崇敬之情，激励年轻一代将革命理想、优良传统、时代精神代代相传。

创意说明　礼宾车采用双层大巴，上层为敞开式礼宾区，设 20 座，下层为工作人员及医护人员工作场所。车身两面以巍峨长城、江山永固为主体画面进行装饰，并镶嵌国庆 70 周年活动标识。第 1 组 3 辆礼宾车车头上方以锦旗、五角星和牡丹花等纹样进行装饰，进一步增强荣誉感。

第1组

表现形式 共7组21辆，每组呈“品”字形队列驶入天安门核心区。

车上人员 约400名新中国成立时至“文革”前的老一辈领导人、建设者、军队英模中仍健在的老同志和已故老同志的配偶或后代，以及陪伴他们的部分年轻亲属或少年儿童。

第2—7组

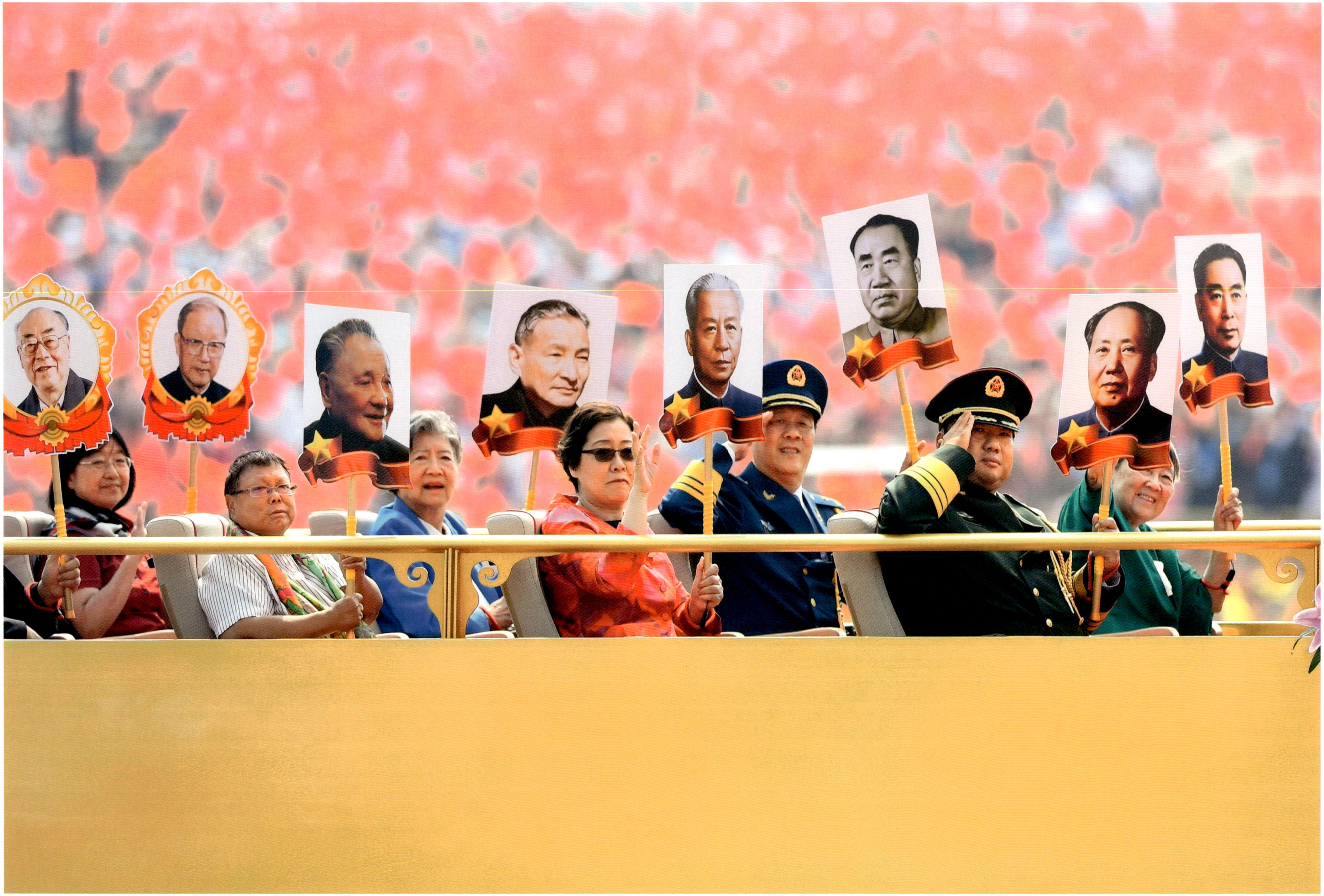

1949
国

开天辟地彩车

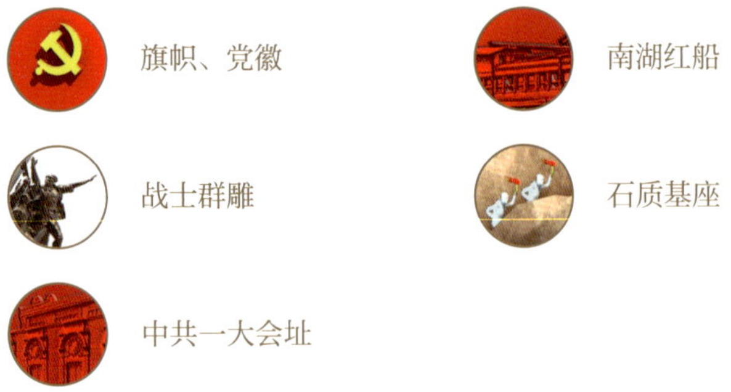

表现内容　寓意中国共产党诞生这一开天辟地的大事变，深刻改变了近代以后中华民族发展的方向和进程，深刻改变了中国人民和中华民族的前途和命运，深刻改变了世界发展的趋势和格局。

创意说明　以层叠的红旗、奋勇向前的战士群雕及中共一大会址、嘉兴南湖红船浮雕为主体形象，石质基座寓意中国共产党成立与发展的坚实之感和奋进决心。

表现形式　方阵与彩车构成三角阵型，形成极具力量感的前进之势。进入天安门核心区时，部分方阵人员从彩车上引取“火种”，“火种”依次传递、绵延铺展，彰显“星星之火，可以燎原”。

车上人员　手持火把人员。

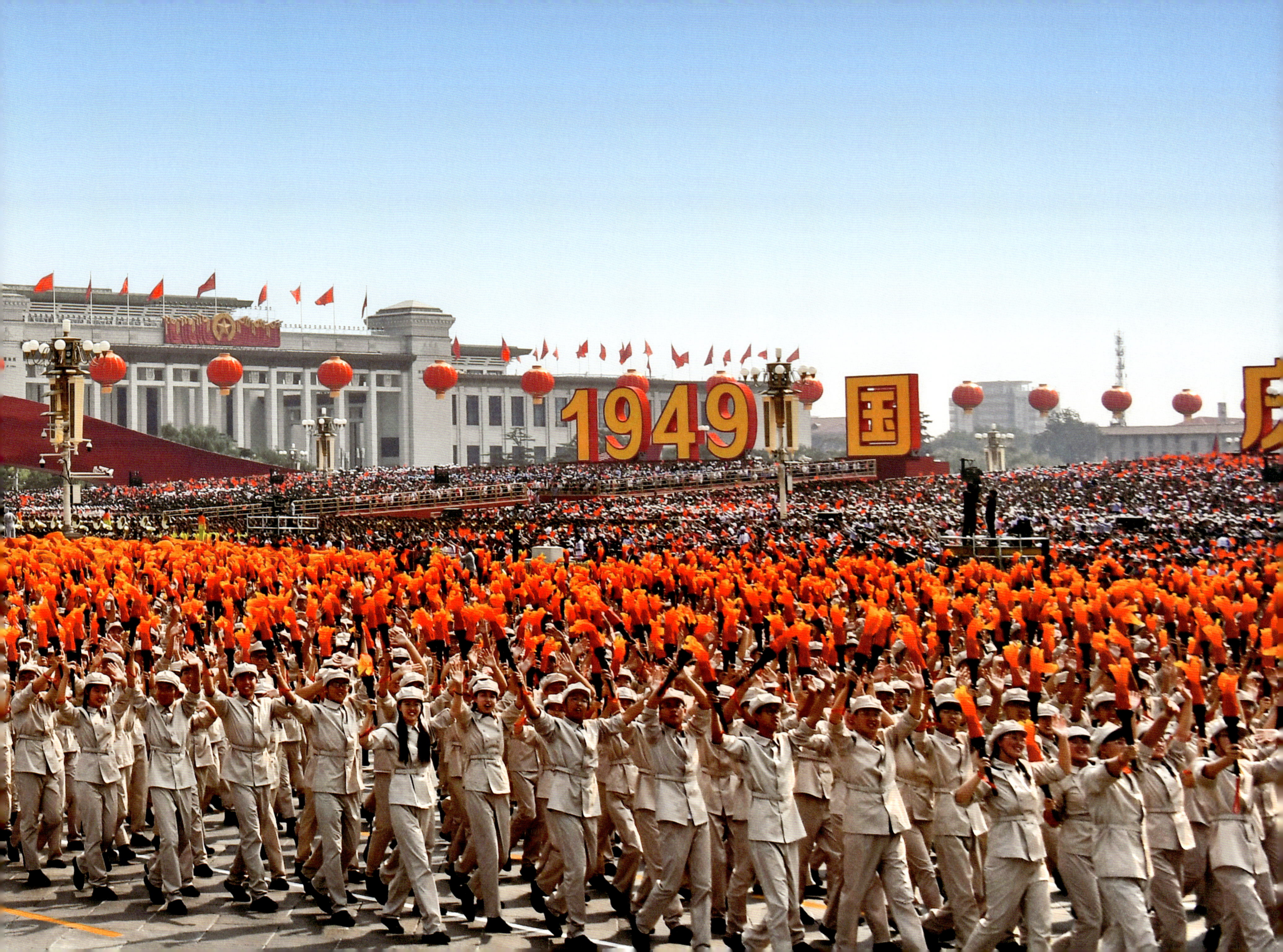
1949
国

浴血奋战彩车

八一勋章

独立自由勋章

解放勋章

表现内容　展示中国共产党团结带领中国人民进行28年浴血奋战，打败日本帝国主义，推翻国民党反动统治，完成新民主主义革命，表达人民群众对革命先辈的崇敬之情。

创意说明　由三辆并列行驶的彩车组成，以三大勋章（八一勋章、独立自由勋章、解放勋章）及红色绶带为主体形象。

表现形式　方阵与彩车构成“绶带”配“勋章”的箭形阵型，红色“绶带”寓意拼搏奋战的滚滚热血，共同展现从建党到新中国成立不同革命历史时期浴血奋战的光辉历程。

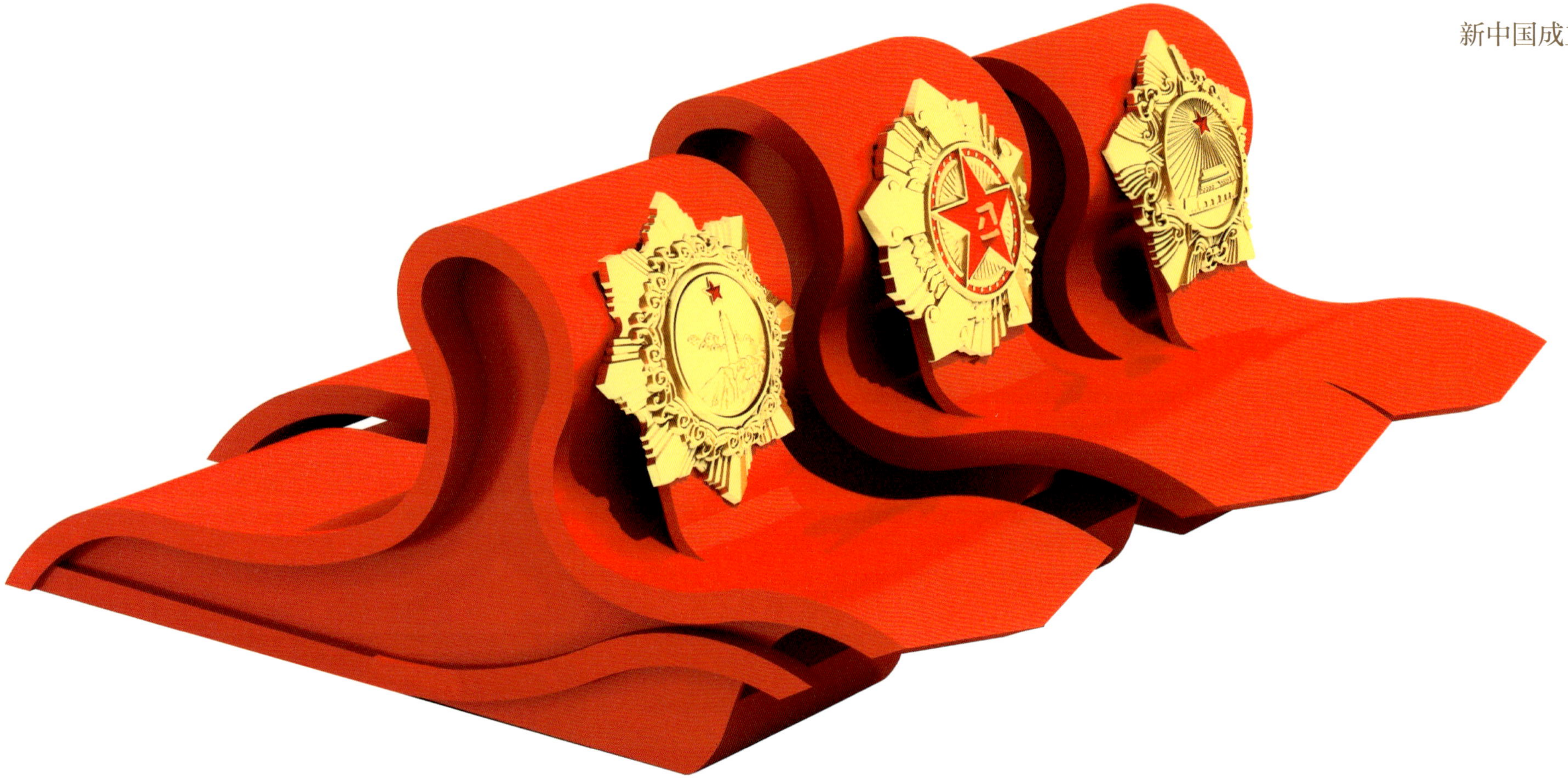

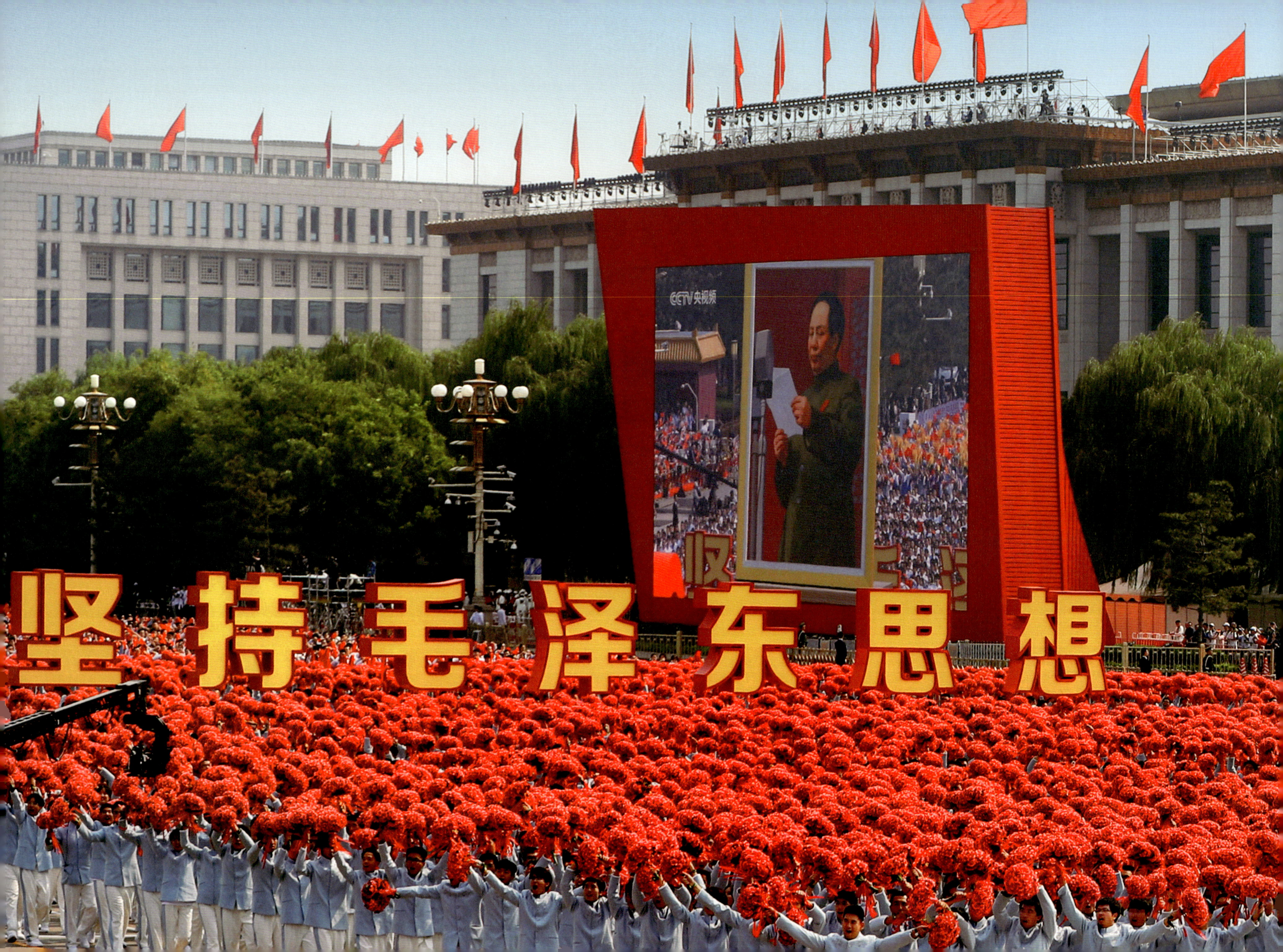
坚持毛泽东思想
CCTV央视频

建國伟

领袖画像（毛泽东）彩车

表现内容　展示以新中国成立为标志，中华民族发展进步从此开启了新纪元。

创意说明　底座以象征历史潮流的山水纹样为主体造型，寓意党中央带领国家和人民破浪前进、砥砺前行。

山水纹样

中华人民共和国万岁
世界人民大团

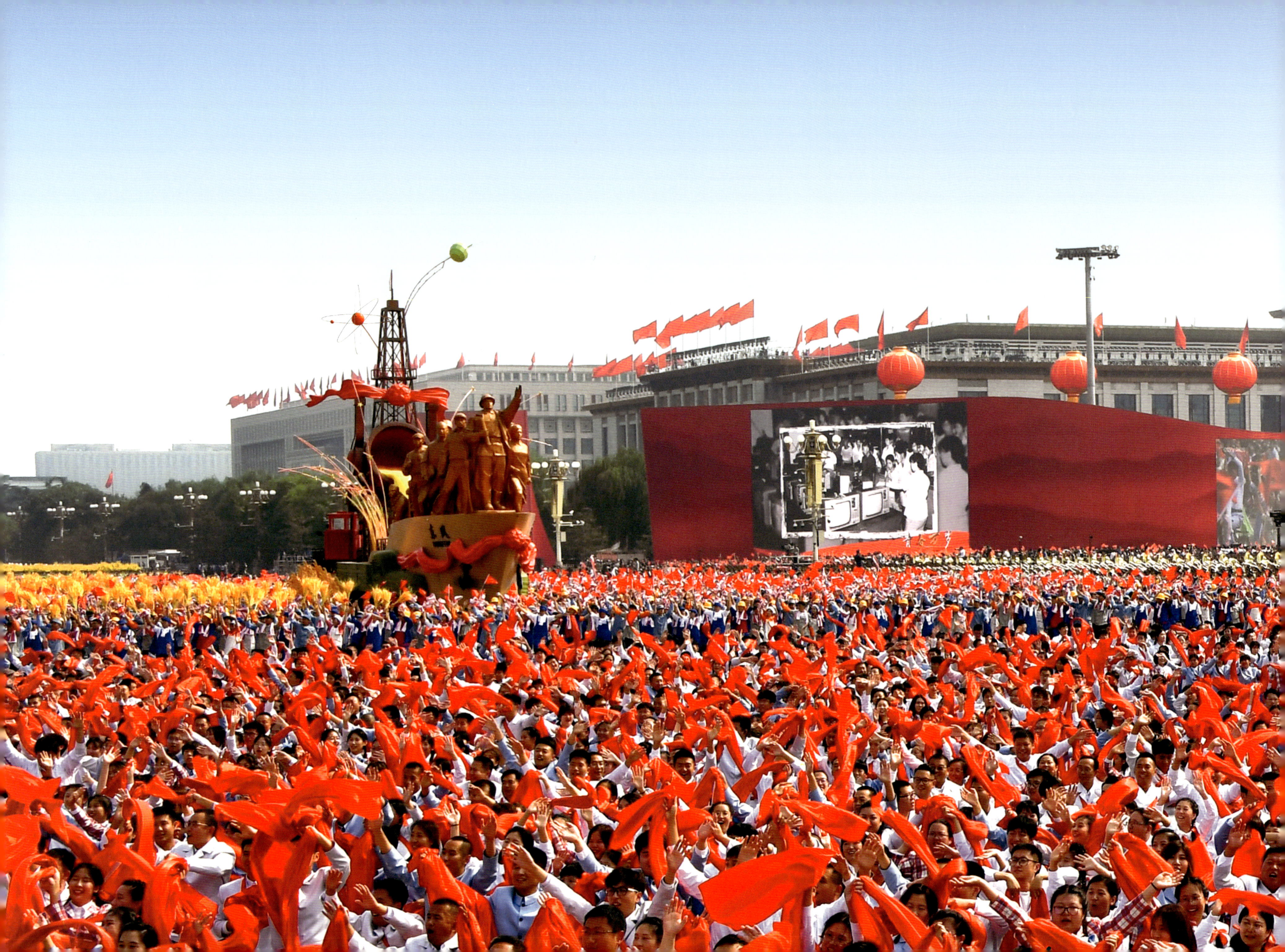

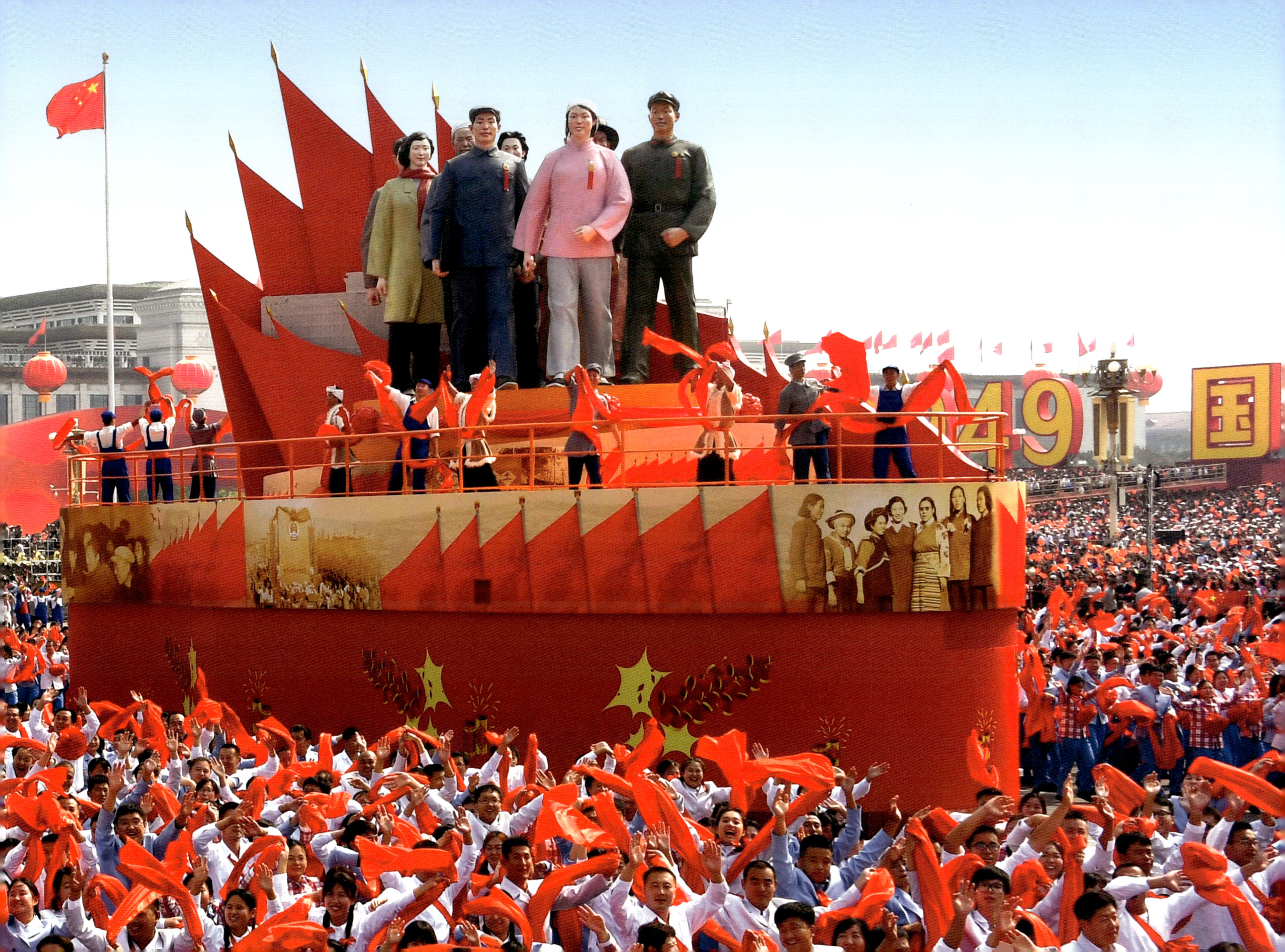
49
国

当家作主彩车

表现内容 展示中国共产党带领人民完成社会主义革命，确立社会主义基本制度，广大劳动人民真正成为国家的主人。

创意说明 以“人民代表步出人民大会堂”大型群雕为主体形象，车体采用红旗漫卷造型，底座上有新中国成立初期的经典宣传画和欢庆鞭炮图案，展示人民群众庆祝自己成为国家主人的喜悦心情。

车上人员 “红绸舞”展演人员。

“人民代表步出人民大会堂”大型群雕

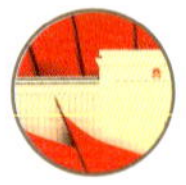
人民大会堂

庆祝土地改革胜利完成

参加第一届全国人民代表大会的女代表

参加国庆 5 周年游行的队伍抬着宪法模型通过天安门

1953 年至 1954 年的基层民主选举

欢庆鞭炮图案

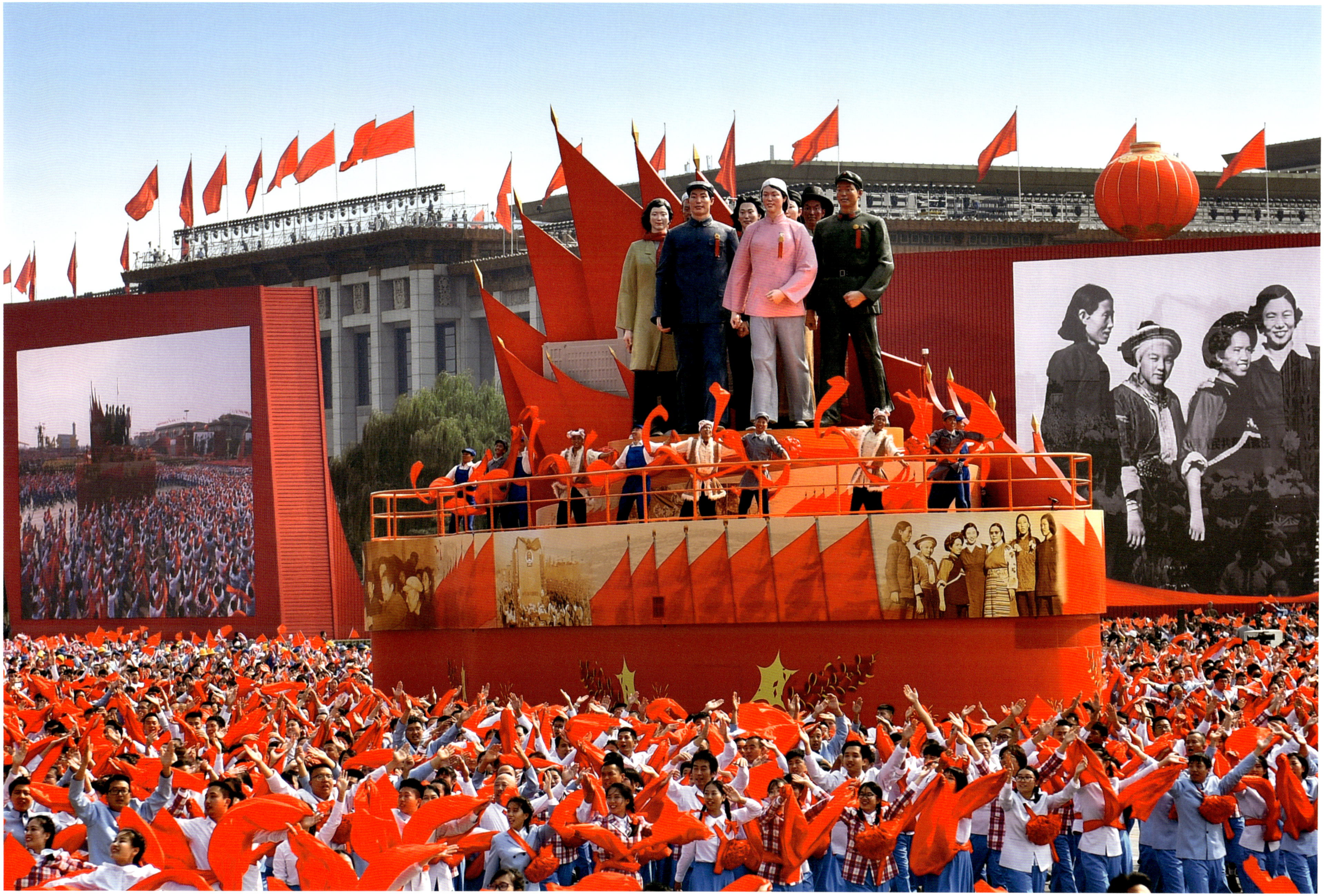

艰苦奋斗彩车

劳模群雕

大庆油田井架

“东风号”万吨轮

“两弹一星”

“解放”牌卡车

首钢炼钢钢包

“东方红”拖拉机

表现内容　展示中华儿女满腔豪情，在新中国成立时一穷二白的条件下，自力更生、艰苦创业，推动我国社会发生了翻天覆地的变化，为国家发展富强、人民生活富裕奠定了坚实基础。

创意说明　彩车车头以王进喜、时传祥等劳模群雕为主体形象，车体由新中国第一艘万吨轮、第一辆“解放”牌卡车、第一辆“东方红”拖拉机和大庆油田井架、“两弹一星”、丰收稻谷等构成。

表现形式　钢包与LED技术形成钢花四溅场景，展现热火朝天建设社会主义的时代画面。

东风

坚持邓小平

领袖画像（邓小平）彩车

山水纹样

表现内容 展示党的十一届三中全会作出实行改革开放的历史性决策，体现改革开放是我们党的一次伟大觉醒，实现了新中国成立以来党的历史上具有深远意义的伟大转折。

创意说明 底座以象征历史潮流的山水纹样为主体造型，寓意党中央带领国家和人民破浪前进、砥砺前行。

中华人民共和国万岁
世界人民大团结万岁

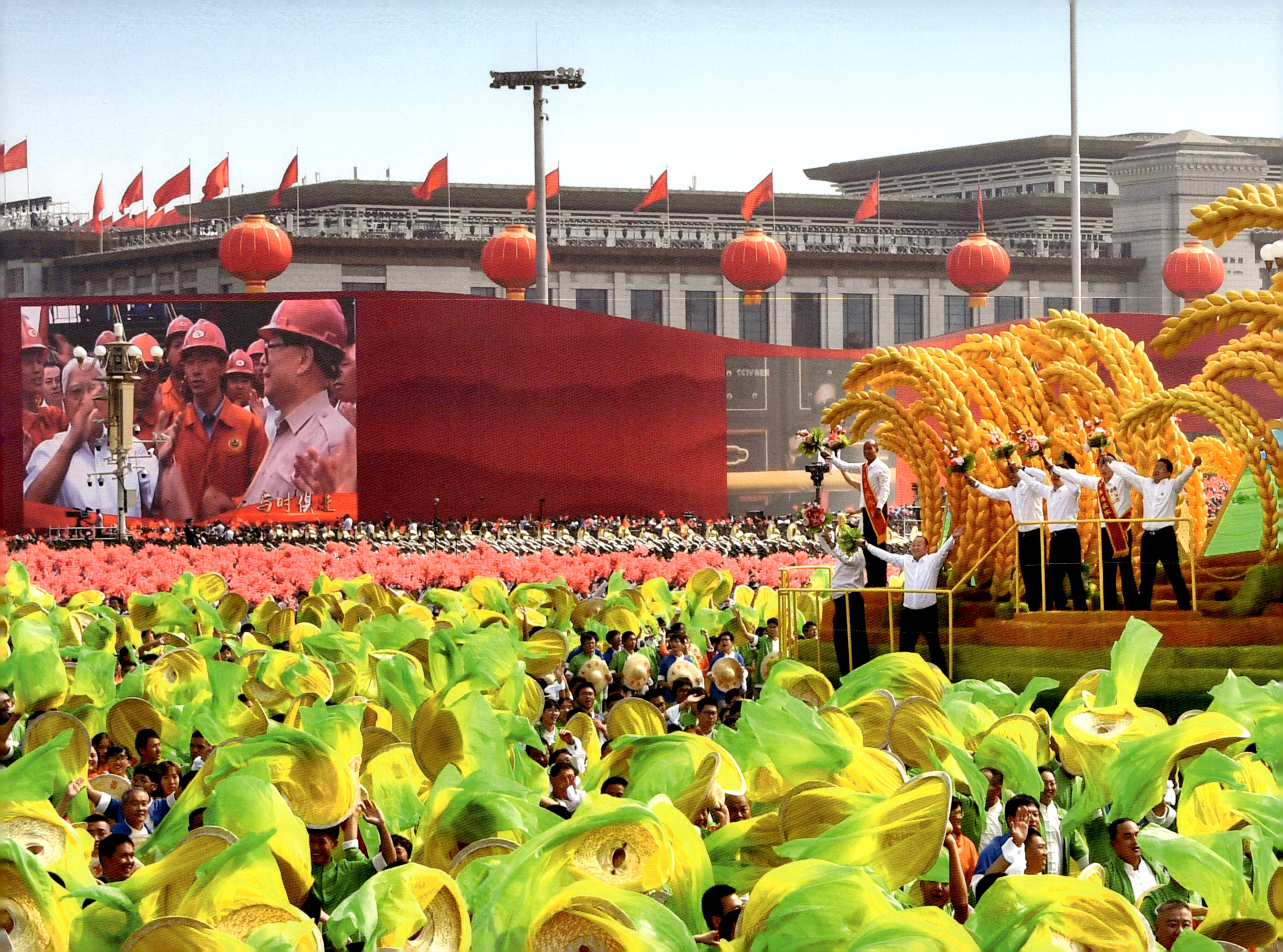
与时俱进

1949

希望田野彩车

收割机

山峦状 LED 屏幕

表现内容　展示中央一号文件明确的家庭联产承包责任制这一在中国共产党的领导下中国农民的伟大创造，使农民生产的积极性大增，解放了农村生产力，开启了农村改革波澜壮阔的进程。

创意说明　以绿色梯田、巨大麦穗和收割机为主体形象，形成夸张的视觉冲击力，突出丰收主题。

表现形式　梯田上的山峦由 LED 屏幕构成，视频展示改革开放以来安徽小岗村等地的乡村新面貌，以及与之相呼应的乡村风光，展现农村改革开放的巨大成果。

车上人员　农村改革中的代表人士。

世界人民大团结万岁

1949

春潮滚滚彩车

开荒牛

深圳建筑群

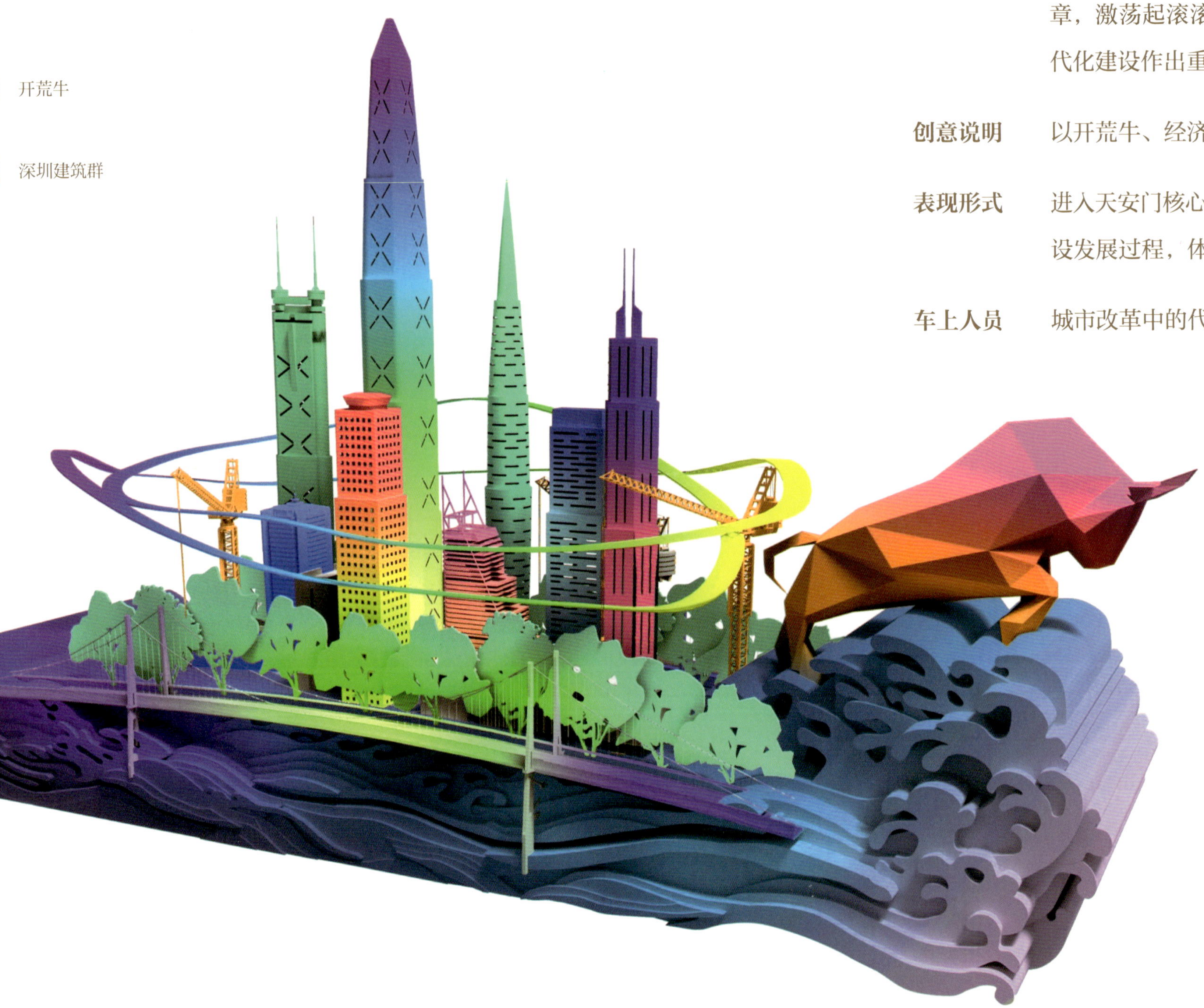

表现内容 展示深圳、珠海等经济特区在建设中国特色社会主义伟大历史进程中，谱写勇立潮头、开拓进取的壮丽篇章，激荡起滚滚春潮，为全国改革开放和社会主义现代化建设作出重大贡献。

创意说明 以开荒牛、经济特区城市建筑为主体形象。

表现形式 进入天安门核心区时，部分楼体节节升高，再现城市建设发展过程，体现“深圳速度”。

车上人员 城市改革中的代表人士。

194

坚持“三个代表”

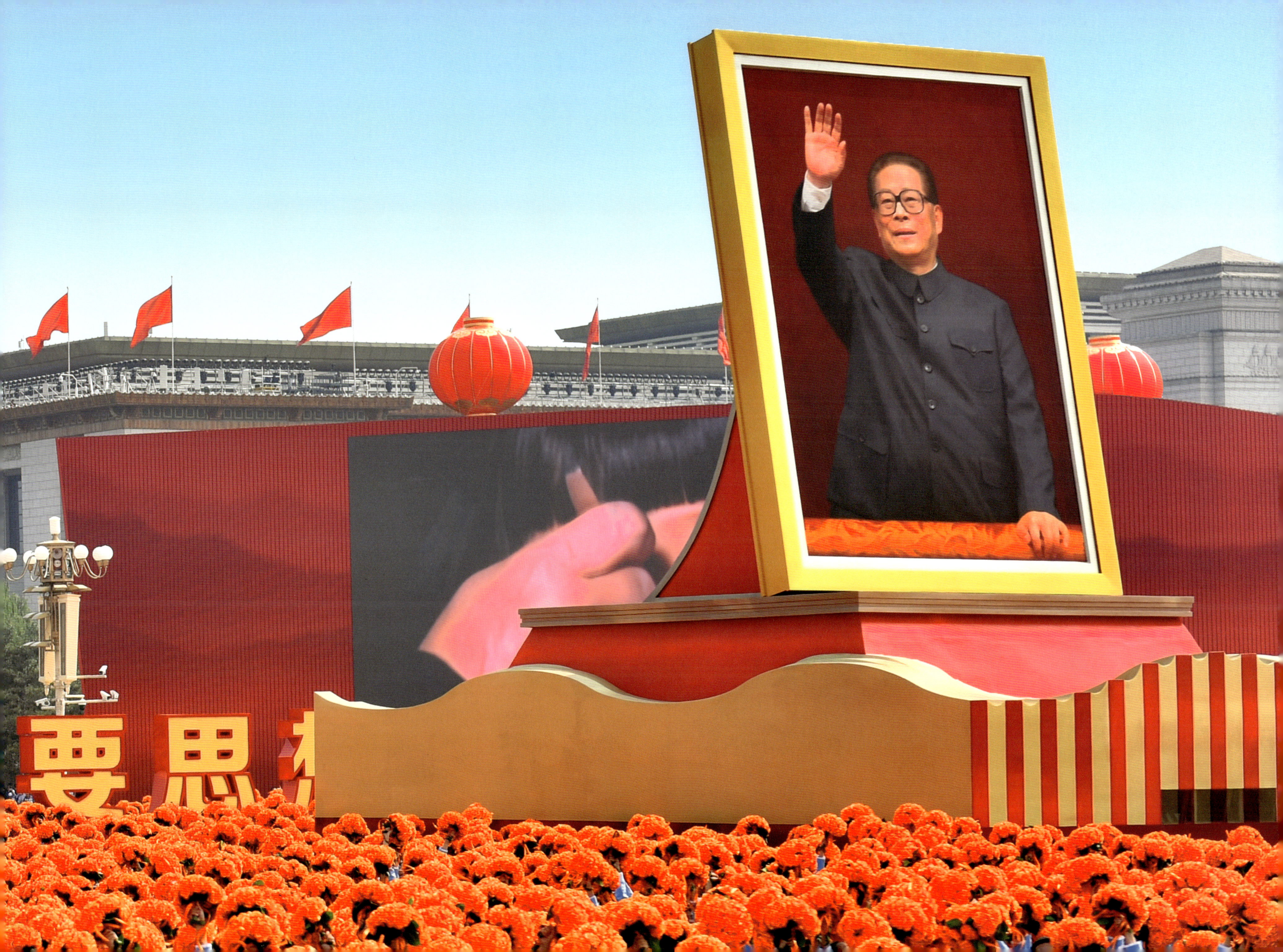
要思

领袖画像（江泽民）彩车

表现内容　展示中国共产党带领人民在国内外形势十分复杂的严峻考验面前，开创了全面改革开放新局面。

创意说明　底座以象征历史潮流的山水纹样为主体造型，寓意党中央带领国家和人民破浪前进、砥砺前行。

山水纹样

中华人民共和国万岁
世界人民大团结万岁

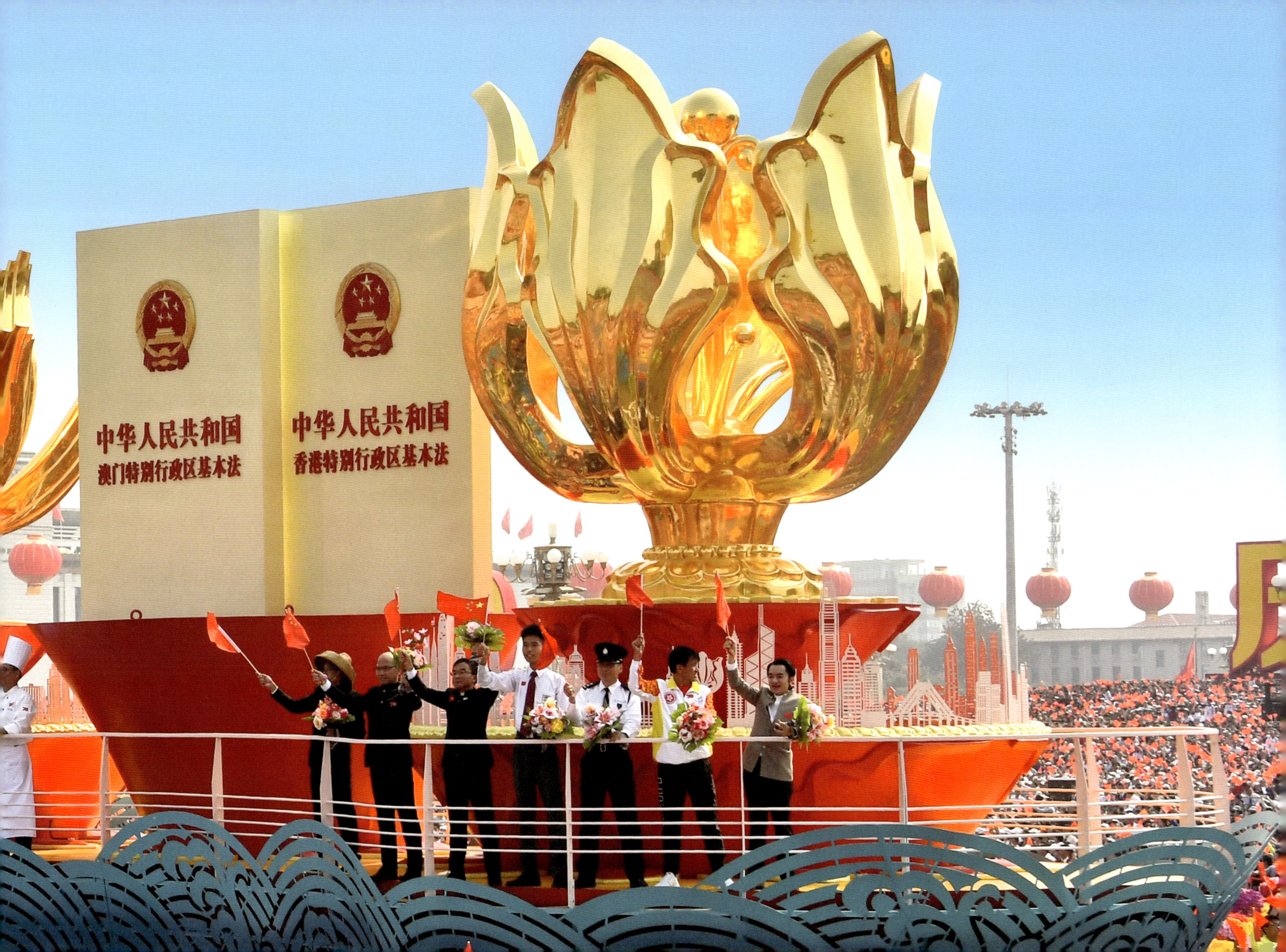
中华人民共和国
澳门特别行政区基本法
中华人民共和国
香港特别行政区基本法

“一国两制”彩车

香港、澳门特别行政区基本法

金莲花

金紫荆花

海浪纹底座

表现内容 展示在改革开放的时代背景下，香港、澳门顺利回归，海峡两岸双方在一个中国原则基础上达成“九二共识”，各项事业取得长足发展，“一国两制”由科学构想变成生动现实，推进祖国统一大业的决心更加坚定。

创意说明 以《中华人民共和国香港特别行政区基本法》《中华人民共和国澳门特别行政区基本法》及巨大的金紫荆花、金莲花雕塑为主体形象。

表现形式 进入天安门核心区时，金紫荆花、金莲花旋转。彩车上人员、方阵人员与观礼嘉宾形成热情洋溢的互动，再现港澳回归的喜悦情，抒发人民群众的爱国心。

车上人员 港澳优秀代表人士。

中华人民共和国
澳门特别行政区基本法
中华人民共和国
香港特别行政区基本法

1949

跨越世纪彩车

日晷

金色渐变光芒雕塑

世纪之门雕塑

跨越阶梯

烟花喷绘灯箱

表现内容 展示中国共产党领导人民成功把中国特色社会主义推向21世纪，人民群众欢欣鼓舞，迎接新世纪的到来。

创意说明 以日晷造型为主体形象，车身展示中国跨越世纪的精彩时刻。金色渐变光芒和世纪之门雕塑，寓意时间的跨越。

表现形式 方阵与彩车共同构成曙光初照、流光溢彩的画面，体现中国与世界共同迎接新世纪到来的生动场景。

车上人员 新世纪推动国家对外开放的代表人士。

2019
坚持科学

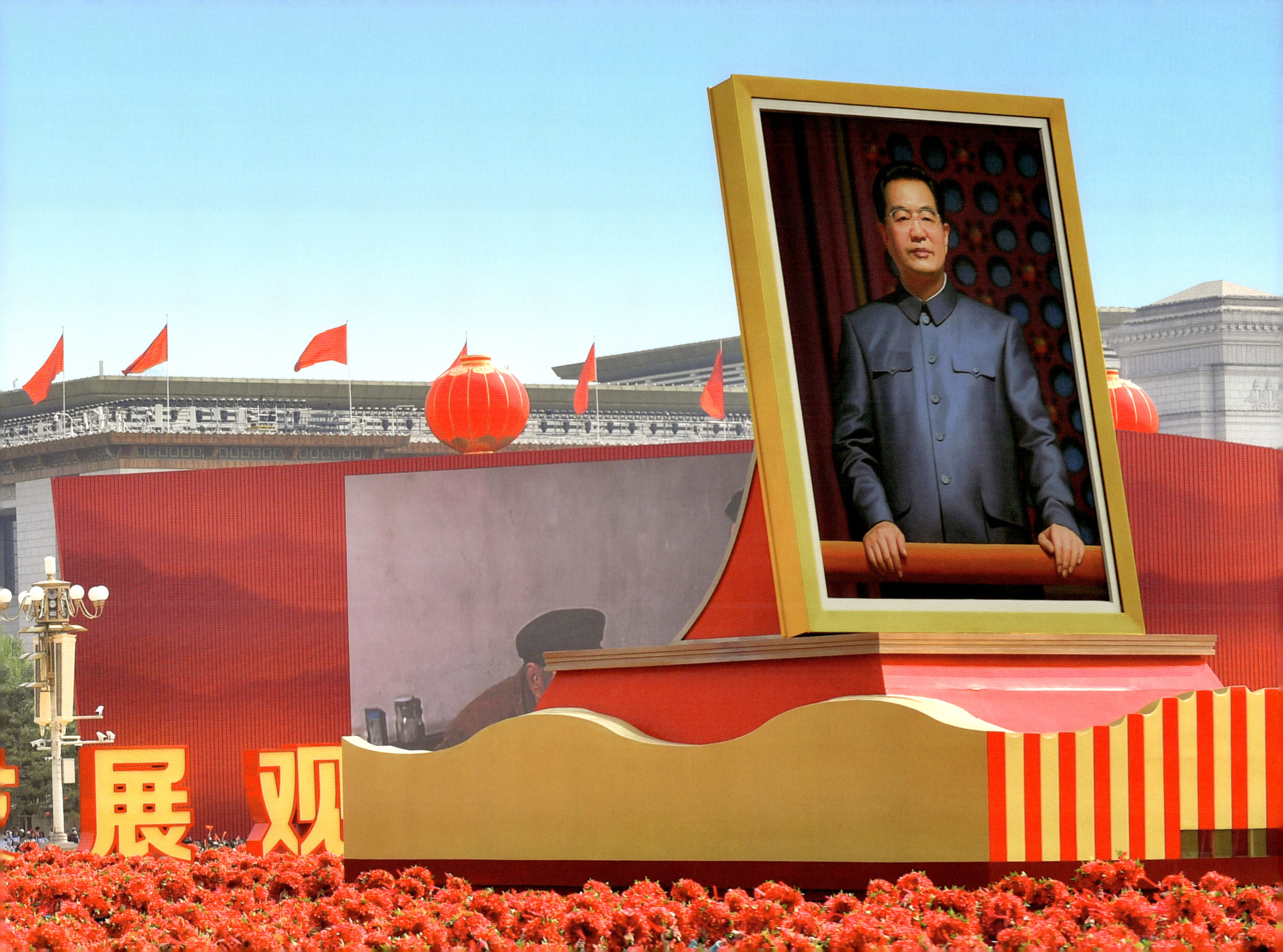
展 观

领袖画像（胡锦涛）彩车

表现内容　展示中国共产党坚持以人为本、全面协调可持续发展，带领人民过上安定、富裕生活，体现党成功在新的历史起点上坚持和发展了中国特色社会主义。

创意说明　底座以象征历史潮流的山水纹样为主体造型，寓意党中央带领国家和人民破浪前进、砥砺前行。

山水纹样

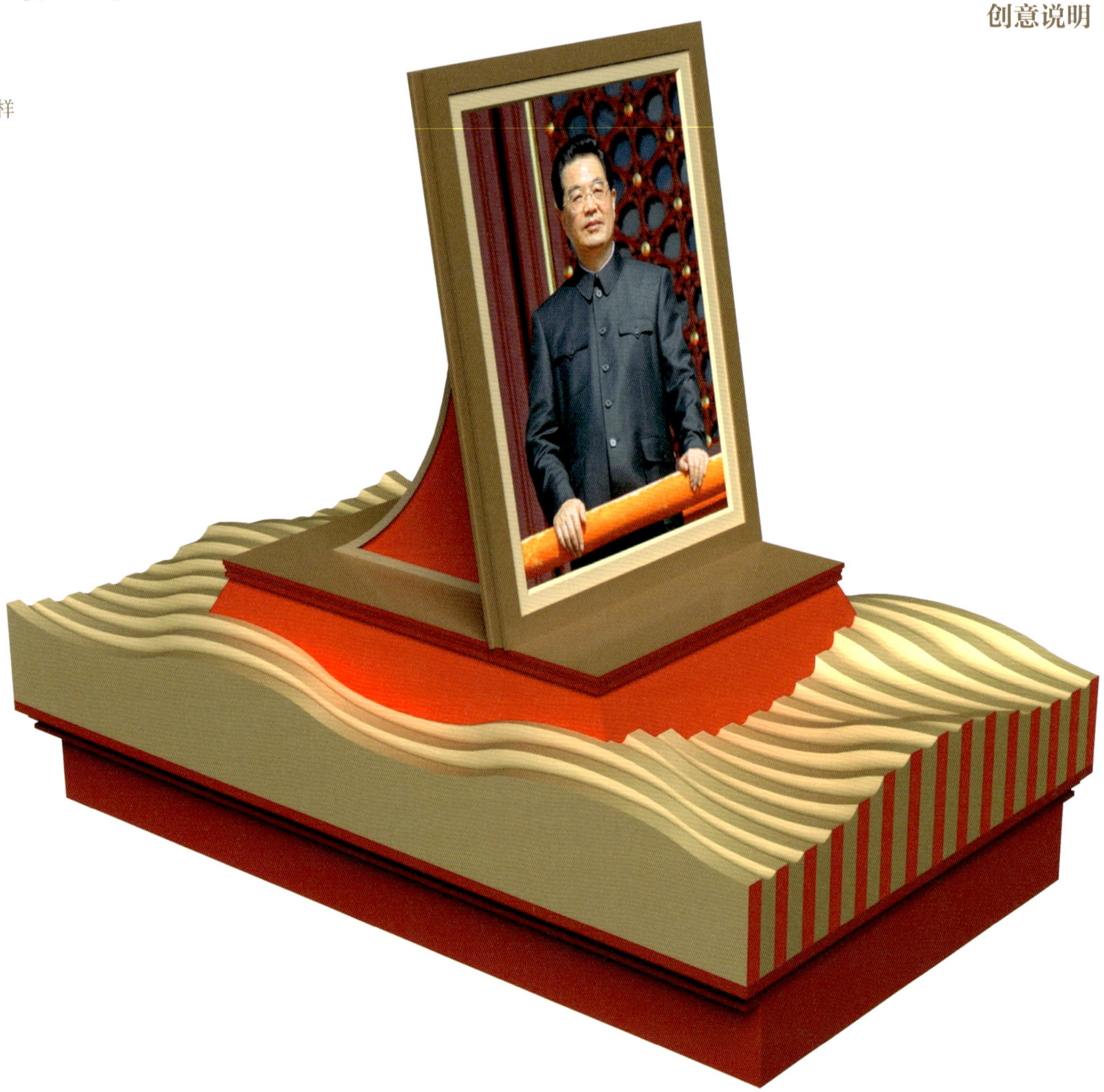

中华人民共和国万岁
世界人民大团结万岁

NATIONAL MUSEUM OF CHINA

1949

众志成城彩车

表现内容　展示全国人民在党中央的坚强领导下，万众一心、众志成城，应对风险挑战、克服艰难险阻、建设美好家园的决心和与灾难斗争取得的巨大胜利。

创意说明　车上以三座“人”字形山体造型为主体形象，组成一个“众”字，寓意万众一心、众志成城。车体由刻有抗击“非典”、汶川特大地震抗震救灾场景浮雕的岩石构成，车上以汶川地震灾区重建后的典型建筑为主，周边布满盛开的油菜花，寓意在地震废墟上重建家园，展现重建后灾区人民的幸福生活。

车上人员　抢险救灾各类英模代表、重建家园后的群众代表。

抗震救灾纪念浮雕

什邡市烂柴湾大桥

汶川县映秀小学

红白镇新建民居

羌寨

Beijing 2008
国
Beijing 2008

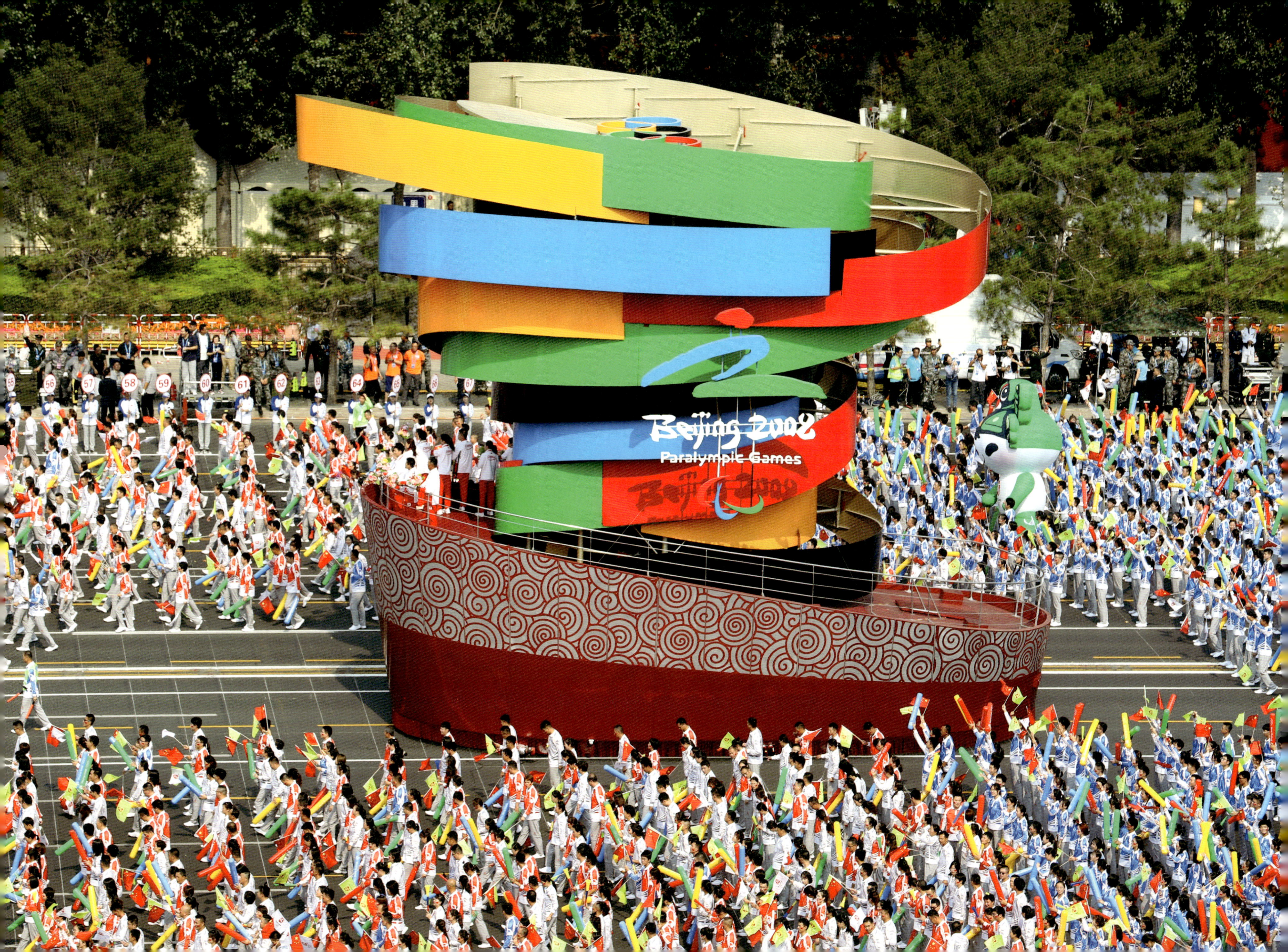
Beijing 2008
Paralympic Games

圆梦奥运彩车

舞动的奥运五环

北京奥运会火炬

北京奥运会标志

北京残奥会标志

表现内容　展示中华民族百年来逐梦奥运的曲折历程，北京奥运会成为一届“真正的无与伦比的奥运会”，中国综合国力不断提升，国际影响力不断增强。

创意说明　以抽象的螺旋上升的奥运五环为主体形象，寓意运动员在奥运竞赛中奋勇拼搏、力争上游的精神。底座取2008年北京奥运会火炬局部造型，饰以奥运祥云纹样，周围环绕大型人偶福娃、福牛及空飘物，彰显圆梦奥运的激情和喜悦氛围。

车上人员　2008年北京奥运会和残奥会冠军、优秀志愿者、火炬手代表。

贯彻

近平新时代中国特色社会主义思想

领袖画像（习近平）彩车

山水纹样

表现内容 展示中国特色社会主义进入新时代，意味着近代以来久经磨难的中华民族迎来了从站起来、富起来到强起来的伟大飞跃，迎来了实现中华民族伟大复兴的光明前景。

创意说明 底座以象征历史潮流的山水纹样为主体造型，寓意党中央带领国家和人民破浪前进、砥砺前行。

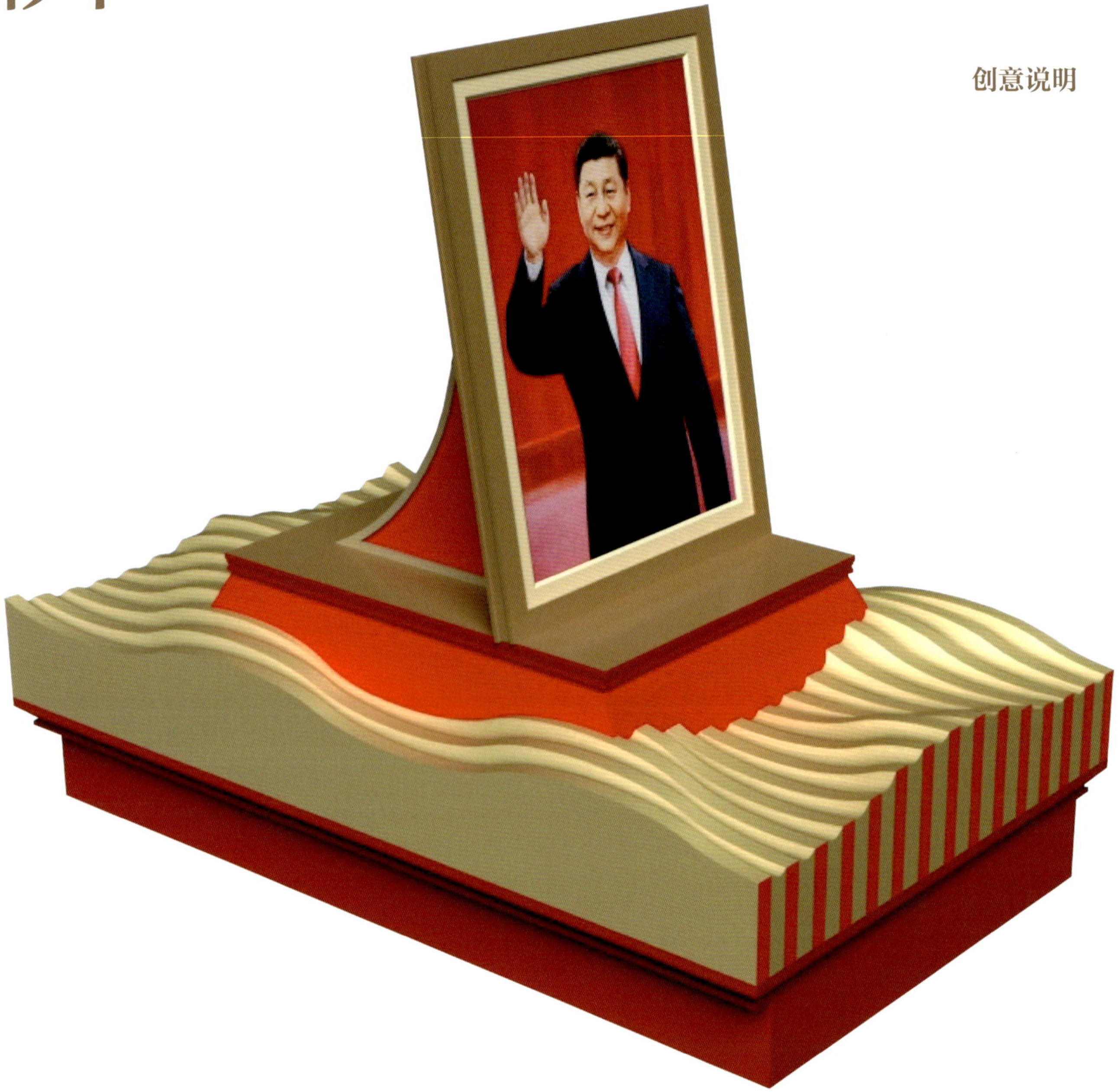

中华人民共和国万岁
世界人民大团结万岁

中国航天

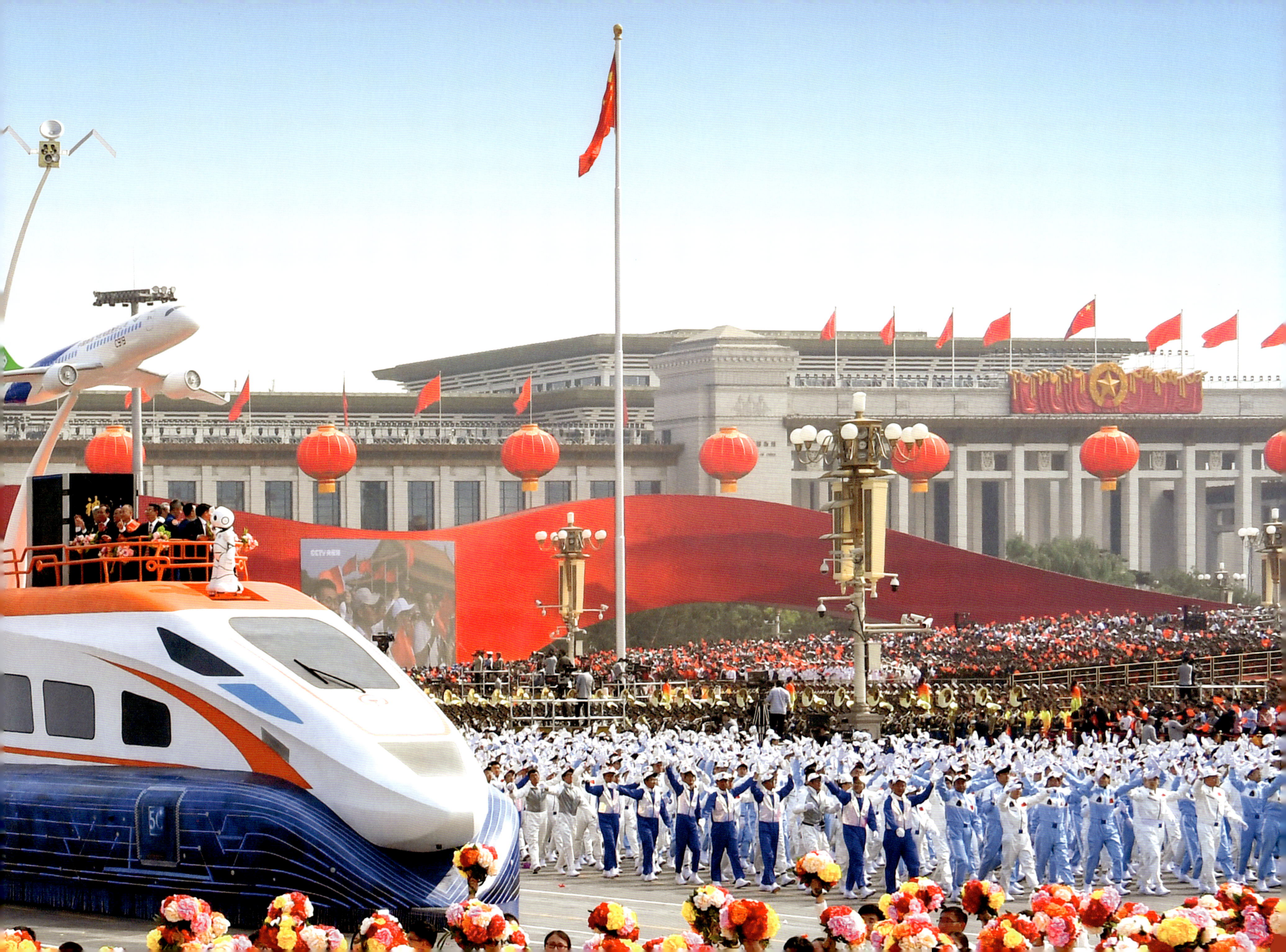

创新驱动彩车

“神威·太湖之光”超级计算机

“玉兔二号”月球车

“中国天眼”——500米口径球面射电望远镜

“海马号”无人遥控潜水器

北斗卫星导航系统

第五代移动通信网络芯片

C919大型客机

表现内容　展示创新驱动发展战略大力实施，创新型国家建设成果丰硕，国家创新体系不断完善，关键核心技术自主创新，为经济社会发展打造了新引擎。

创意说明　由三辆小彩车组成，分别以“复兴号”“天宫二号”“蛟龙号”陆海空大国重器为主体形象，底座为显示5G元素的LED屏幕，顶部展示“神威·太湖之光”“长征三号”“中国天眼”“北斗”“C919”等最新科技成果。

表现形式　进入天安门核心区时，三辆小彩车前后相连，组合为一辆大型彩车，以“复兴号”整体形态通过，LED屏幕呈现“复兴号”疾驰的场景。同时“天宫二号”太阳能板收起，车头玻璃窗打开，机器人挥手致意。展示大国重器成就，体现中国制造风采。

车上人员　杰出科学家代表、国家科学技术奖获得者代表、大国工匠年度人物代表。

中国航天
复兴号

粤港澳
大湾区
长三角
区域一体化
京津冀
协同发展
国

区域协调彩车

立体魔方

四大板块

四大战略

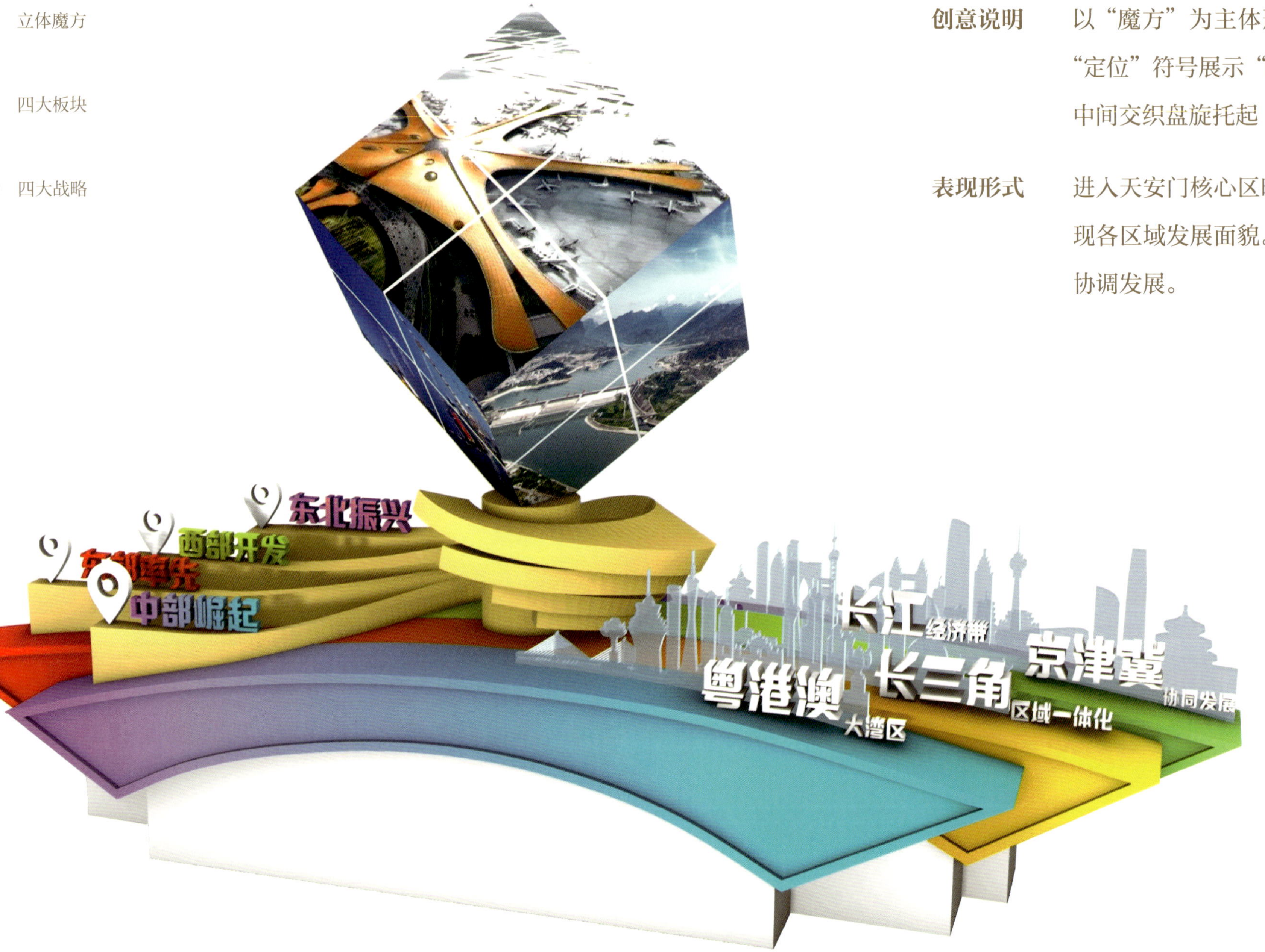

表现内容　展示区域协调发展战略深入推进，更加有效的区域协调发展新机制逐步建立，区域协调发展新格局逐步形成。

创意说明　以“魔方”为主体形象，底座形如四条龙舟，尾部以“定位”符号展示“四大板块”，头部突出“四大战略”，中间交织盘旋托起“魔方”。

表现形式　进入天安门核心区时，“魔方”旋转，伴随立面变化呈现各区域发展面貌。寓意各地区百舸争流、你追我赶、协调发展。

东北振兴

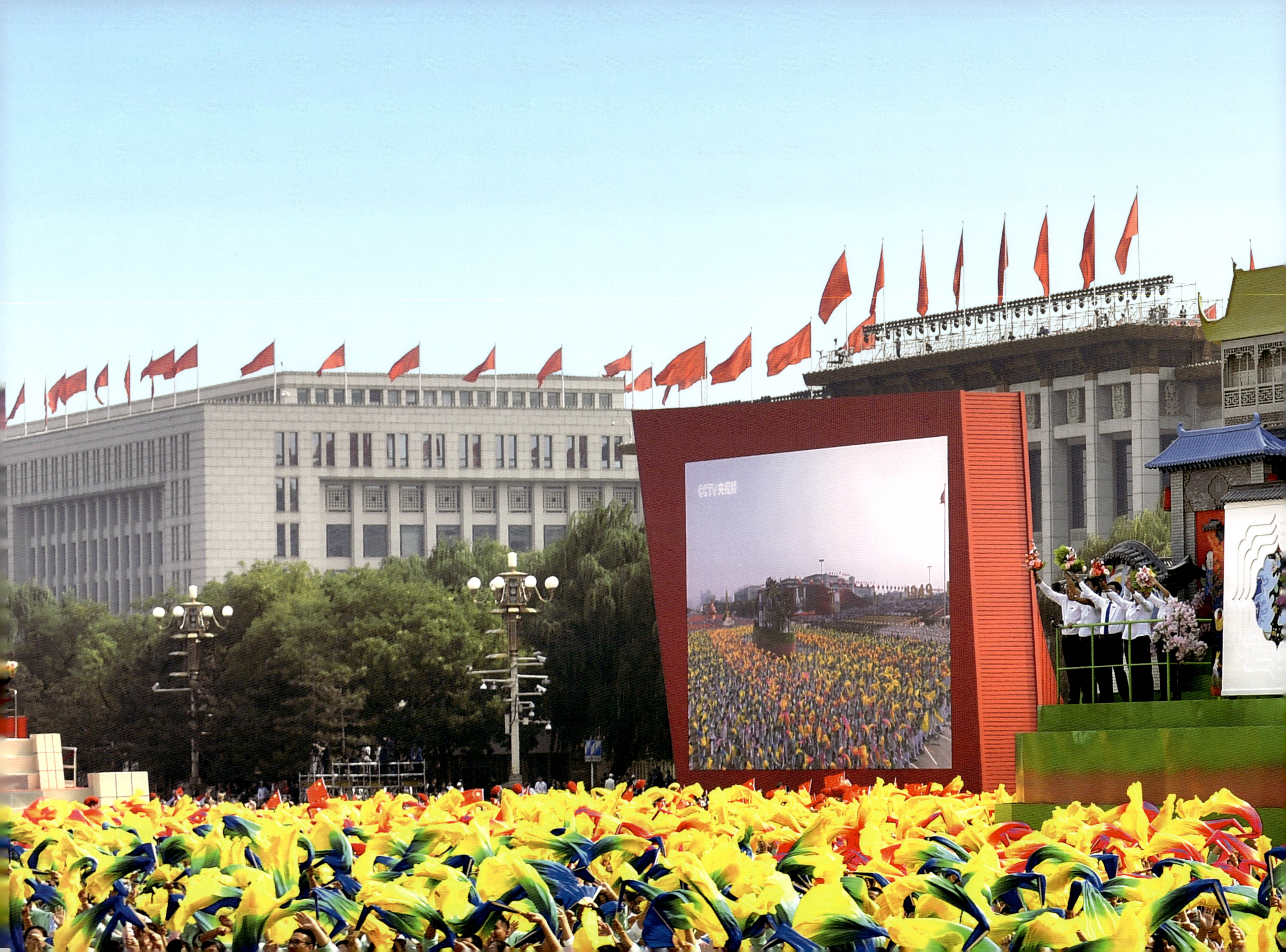
CCTV 央视频
1949

乡村振兴

乡村振兴彩车

表现内容　展示“产业兴旺、生态宜居、乡风文明、治理有效、生活富裕”的农村新风貌，反映我国农村近年来，特别是乡村振兴战略实施以来发生的巨大变化。

创意说明　以农民画为主体形象。

表现形式　通过多画面的动态变化，配以迎风飘拂的柳枝，景观式立体展现新时代的乡风乡情，以及农村致富、农民安居乐业的可喜景象。

车上人员　全国农业劳动模范和全国农业先进工作者代表。

农民画

新民居

中华人民共和国
巡回法庭
民主法治

民主法治彩车

宪法

宣誓台

五角星和满天星

金色大手雕塑

台阶

礼兵

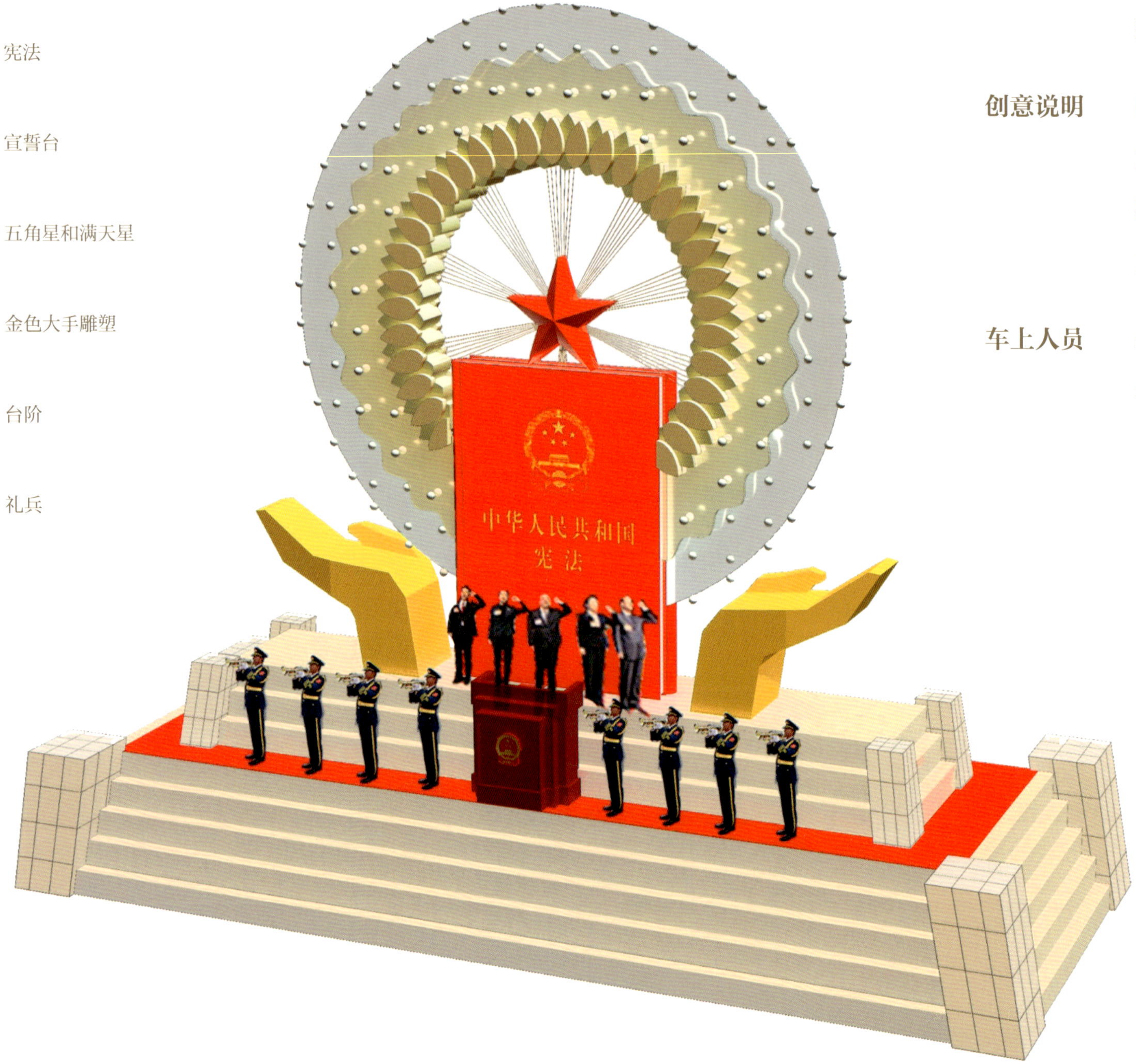

表现内容 展示中国人民坚定不移走中国特色社会主义政治发展道路和中国特色社会主义法治道路，坚持党的领导、人民当家作主、依法治国有机统一，社会主义民主得到充分发扬，依法治国基本方略得到切实落实。

创意说明 以宪法、宣誓台、人民大会堂穹顶的五角星和满天星为主体形象。汉白玉石阶上一双金色大手的巨大雕塑托起宪法与满天星，寓意国家与人民共同捍卫人民民主权利，捍卫宪法和法律的尊严。

车上人员 全国人大代表、全国政协委员、民主党派和无党派代表人士、全国优秀公务员等代表。

中华人民共和国
宪法
1949
2019

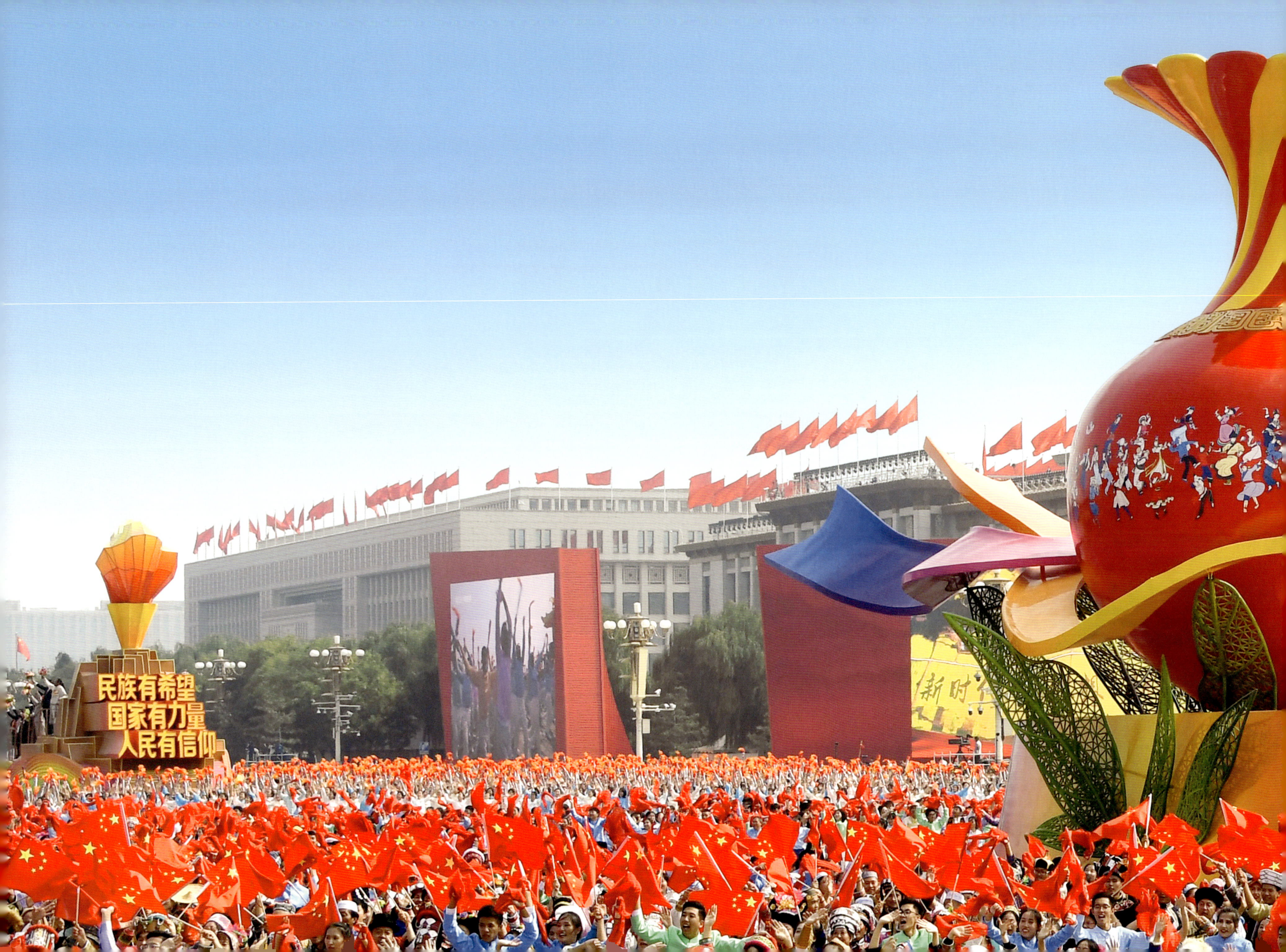
民族有希望
国家有力量
人民有信仰

民族团结彩车

石榴瓶造型

56 个民族群众身着民族服装

飘带造型

石榴叶造型

表现内容　展示全国各族人民像石榴籽一样紧紧抱在一起，共同团结奋斗、共同繁荣发展的大好局面。

创意说明　以一尊象征民族团结的“石榴瓶”为主体形象，瓶身彩绘 56 个民族群众身着民族服装的形象，配以舞动的飘带，彰显绚丽动感造型。

表现形式　行进过程中“石榴瓶”沿中轴缓慢旋转。

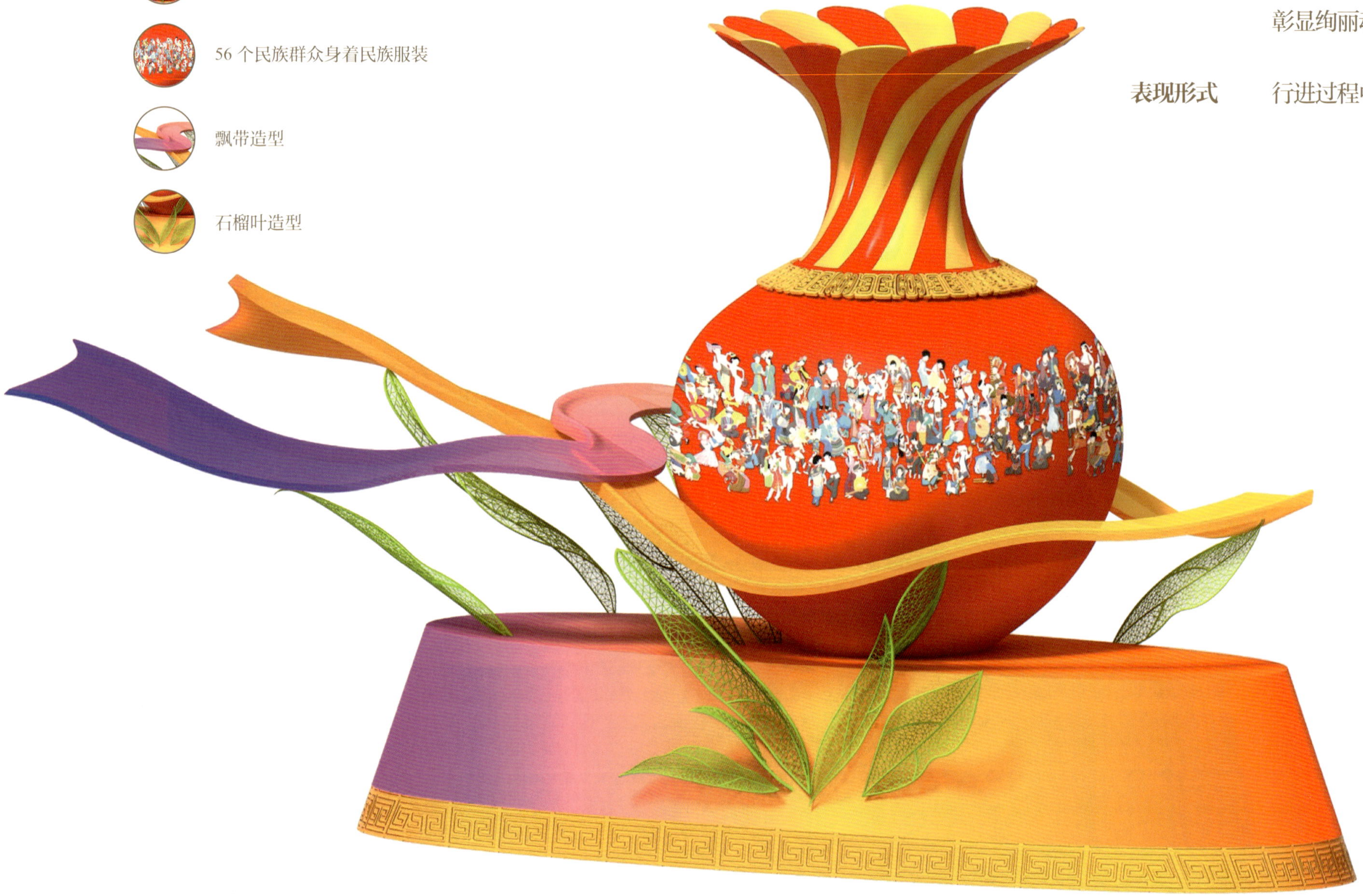

民族团结

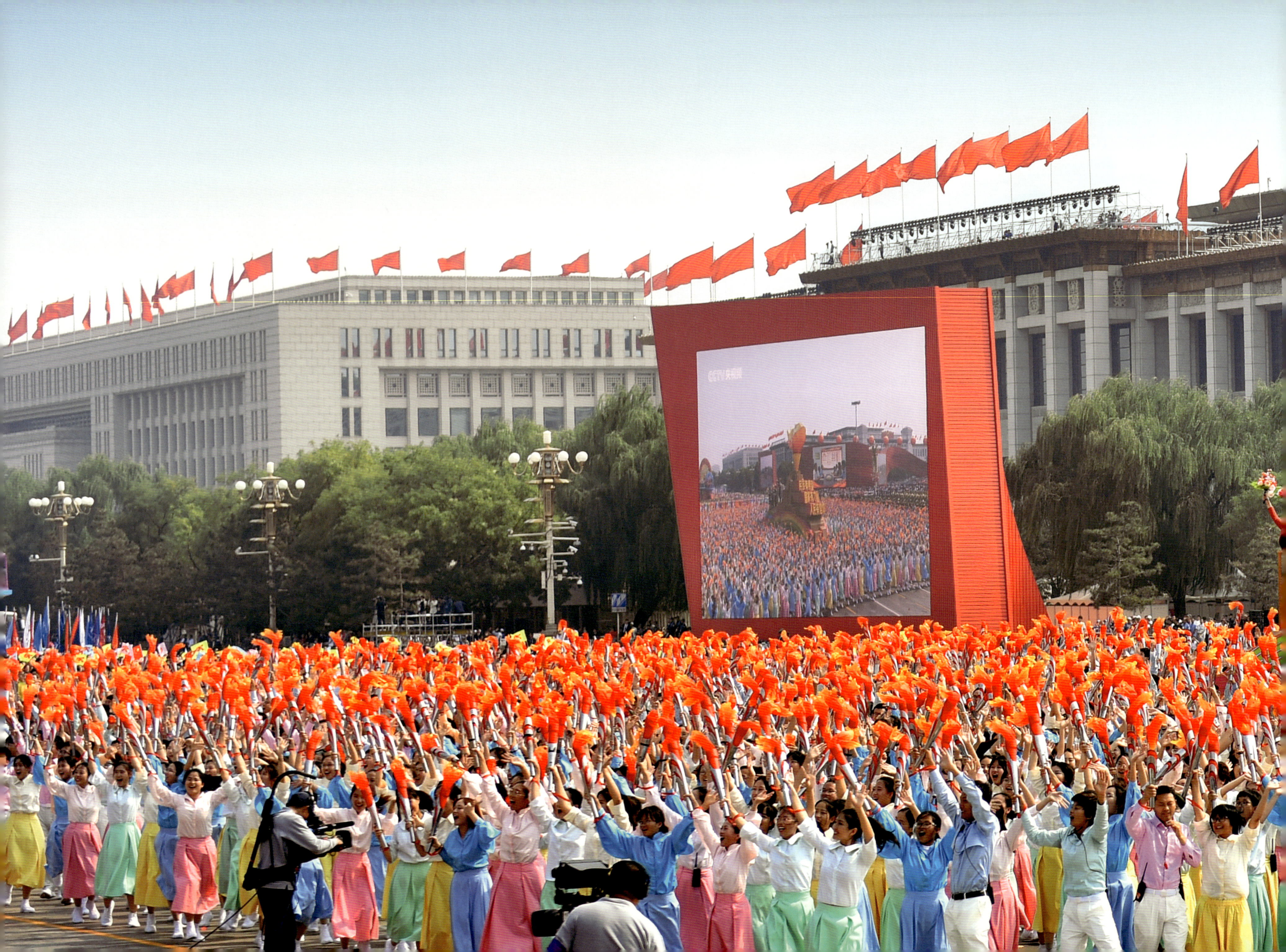

深入学习贯彻党的十九大精神
民族有希望
国家有力量
人民有信仰

凝心铸魂彩车

火炬

基石

多彩年轮

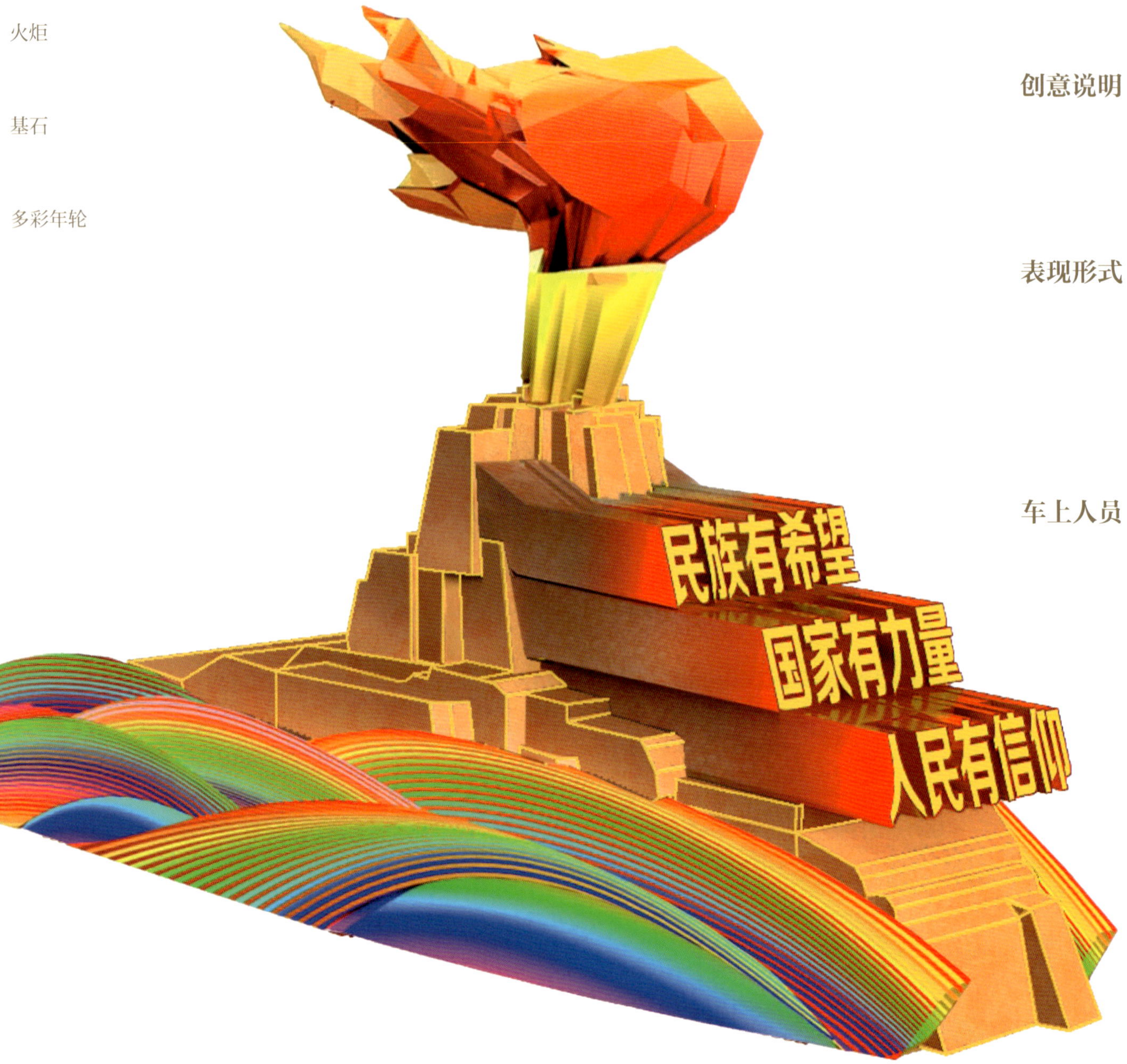

表现内容　展示在习近平新时代中国特色社会主义思想的指引下，“四个自信”得到彰显，全党全社会思想上的团结统一更加巩固，更好构筑中国精神、中国价值、中国力量，为党和人民继续前进提供强大精神激励。

创意说明　以火炬、基石、多彩年轮为主体形象。火炬寓意习近平新时代中国特色社会主义思想，基石代表广大人民群众，多彩年轮象征时代旋律。

表现形式　思想火炬的光芒照射在稳固的基石上，延伸出“人民有信仰、国家有力量、民族有希望”三组刚劲有力的字样，寓意全体中华儿女在中国共产党的领导下，凝聚起强大的精神力量。

车上人员　时代楷模、全国道德模范、“最美人物”和宣传思想文化战线先进模范代表。

民族有希望
国家有力量
人民有信仰

中华文化

中华文化彩车

中华优秀传统文化展演

革命文化展演

社会主义先进文化展演

表现内容 展示中华民族五千多年文明历史所孕育的中华优秀传统文化，熔铸于党领导人民在革命、建设、改革中创造的革命文化和社会主义先进文化。

创意说明 以四朵开放的花朵造型为主体形象，花朵下面为相连的圆形舞台。

表现形式 大花朵下方小舞台中央可以旋转，与LED屏幕、灯箱一起分别展示中华优秀传统文化、革命文化和社会主义先进文化，利用五彩缤纷的色彩效果，配合现代的科技手段，寓意中华文化源远流长、百花齐放、好戏连台。

车上人员 知名艺术家。

中国科学院大学
University of Chinese Academy of Sciences

立德树人彩车

表现内容 展示坚持把立德树人作为根本任务，培养德智体美劳全面发展的社会主义建设者和接班人，加快推进教育现代化、建设教育强国、办好人民满意的教育目标正在逐步成为现实。

创意说明 以打开的“书本”和硕果累累的“知识树”为主体形象，“教育云”耸立树顶，科技传输符号组成树干，绿色操场和山丘组成底座。

表现形式 “教育云”和“硕果”灯箱以及车上人员展现不同阶段学生德智体美劳全面发展和师生教学互动的场景。

车上人员 全国优秀教师和学生代表。

升旗仪式场景

德育场景

智育场景

体育场景

美育场景

劳动教育场景

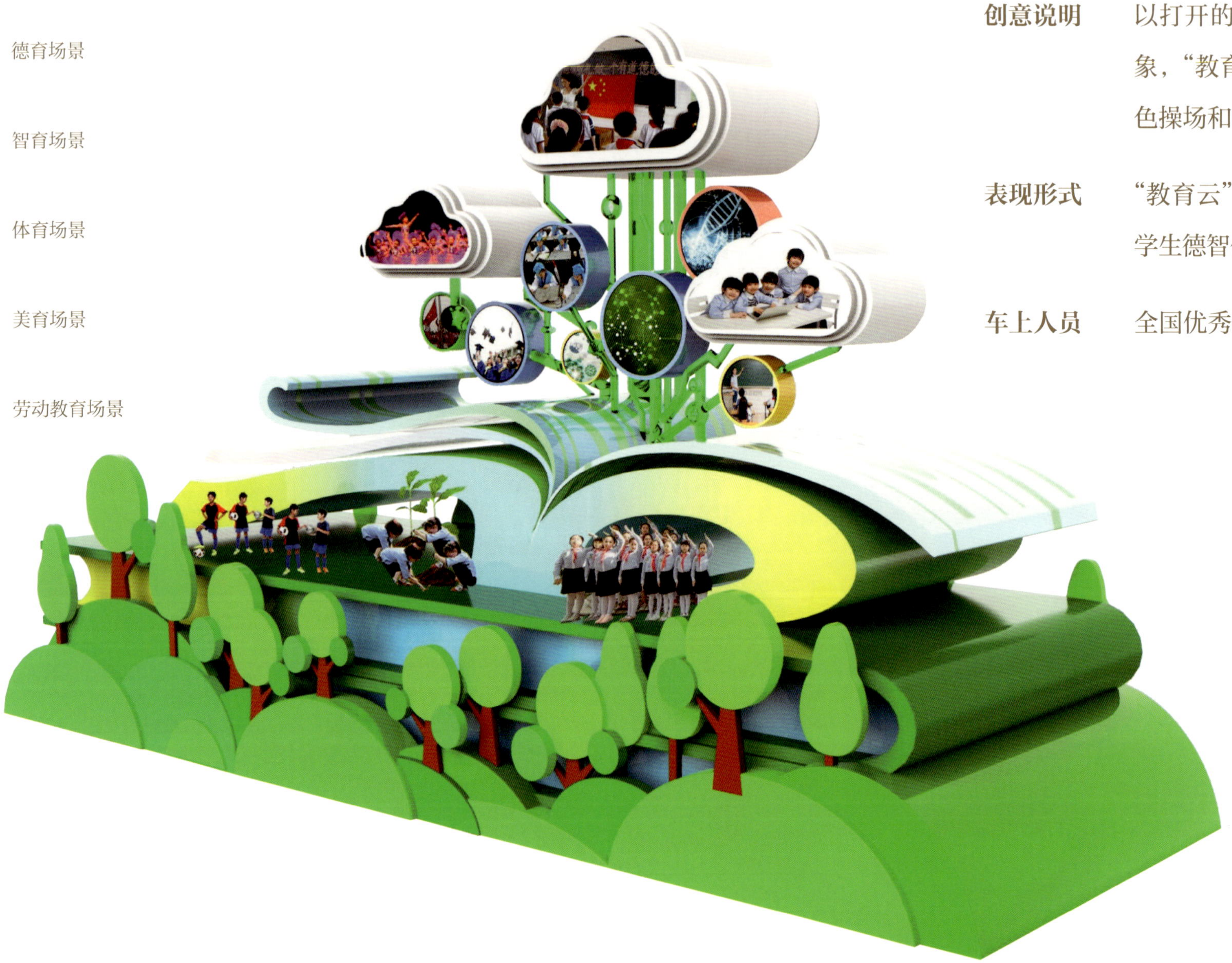

1949
国
2019

2013

体育强国

体育强国彩车

国家速滑馆“冰丝带”

乒乓球运动员彩塑

足球运动员彩塑

滑雪运动员彩塑

篮球运动员彩塑

双人花样滑冰运动员彩塑

表现内容　展示竞技体育成绩骄人，全民健身蓬勃开展，冬奥筹备卓有成效和冰雪运动快速普及，全民健身国家战略和健康中国国家战略持续深化。

创意说明　以冰雪运动元素为主体形象，以“首钢滑雪大跳台”造型为车体，以北京冬奥会“冰丝带”速滑馆造型为底座。车身上展示足球、篮球、排球、乒乓球、羽毛球、网球、自行车、马拉松等各种运动场景。

表现形式　进入天安门核心区时，彩车升起北京冬奥会吉祥物雕塑，达到出人意料、感动观众的效果。

车上人员　冰雪运动健儿。

国

CCTV央视频

2020
打赢脱贫攻坚

脱贫攻坚彩车

表现内容 展示以习近平同志为核心的党中央坚决打赢脱贫攻坚战，创造了我国减贫史上最好成绩，谱写了人类反贫史上的辉煌篇章。

创意说明 以日历为主体形象，周围的联合收割机、农业大棚、农村公路、新民居等场景展示贫困地区脱贫后的新景象。

表现形式 进入天安门核心区时，数字彩屏日历不断翻页，呈现自2013年以来年度脱贫人口数量变化，最后定格在2020年并呈现“打赢脱贫攻坚战”字样，彰显党领导全国人民脱贫的决心和脱贫攻坚取得的成效。

车上人员 优秀驻村“第一书记”和脱贫群众代表。

联合收割机

“手拉手”符号

“两不愁、三保障”象征符号

农用无人机

高压输电塔

互联网、云计算符号

2013
减少1650万

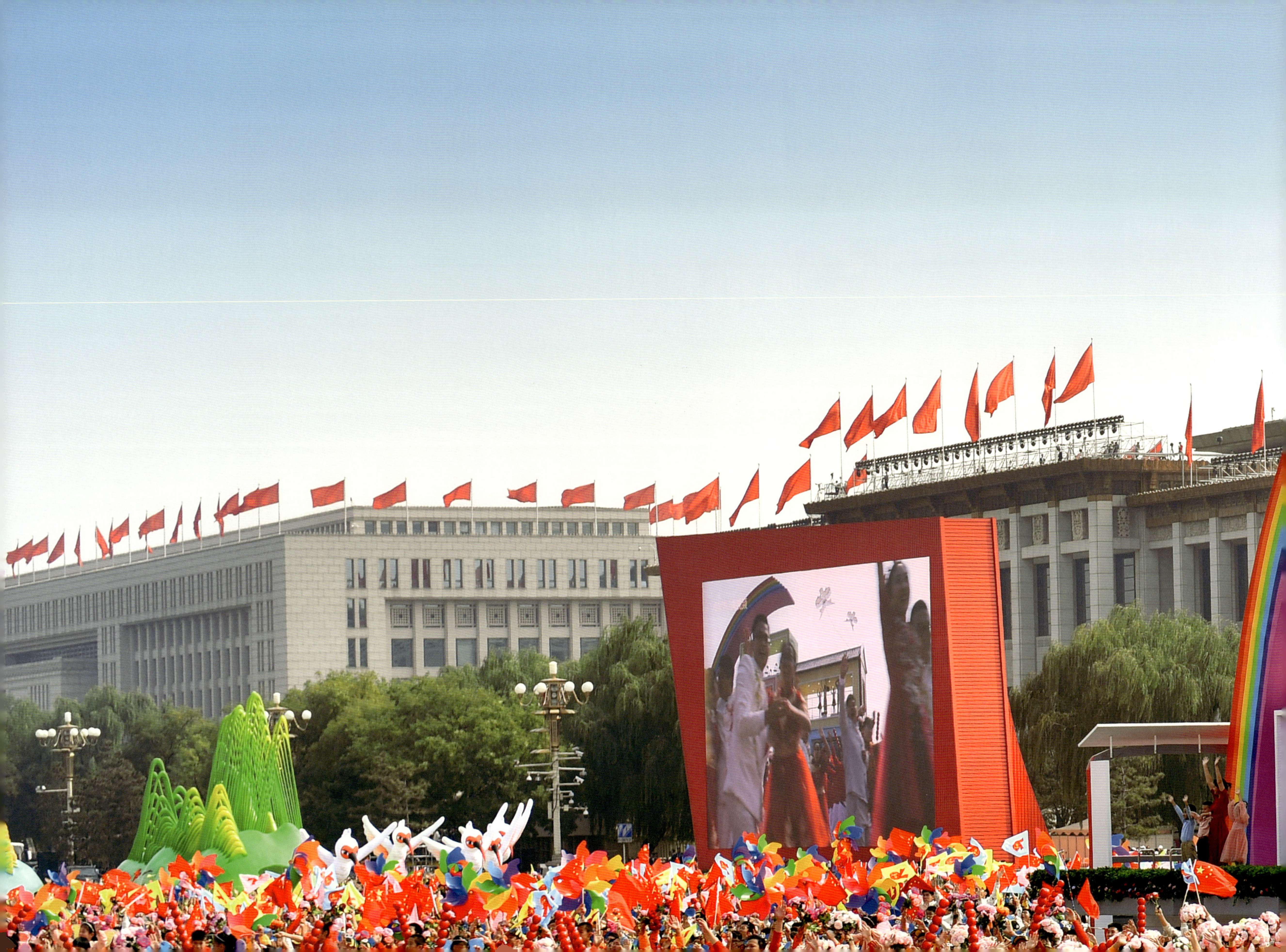

1

美好生活彩车

幼儿园场景

养老院场景

学生上课场景

家庭生活场景

办公室场景

公交车让座场景

医院场景

表现内容 展示在幼有所育、学有所教、劳有所得、病有所医、老有所养、住有所居、弱有所扶上不断取得新进展，人民对美好生活的向往正在逐步实现。

创意说明 以公交车、房屋、彩虹为主体形象。

表现形式 进入天安门核心区时，公交车侧面翻转打开，呈现“七有”场景，展现新时代人民群众的获得感、幸福感、安全感。

车上人员 “七有”展演人员。

和国万岁
世界人民大团结万岁

绿水青山彩车

山峦

表现内容 展示以习近平同志为核心的党中央，大力推进绿色发展理念和实行最严格的生态环境保护制度，沙漠面积连年减少，生态环境大为改善，百姓家园更加美丽。

创意说明 以利用现代艺术造型语言配合彩色涂装形成的连绵起伏的山峦为主体形象，由一大两小三辆彩车组成彩车群，并配有朱鹮等珍稀动物造型。

和国万岁
世界
大团结万岁

中华儿女彩车

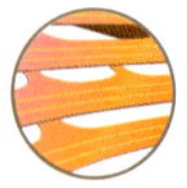
硬质彩带

祥云纹

表现内容　展示全国各族人民和海内外中华儿女共担民族大义，顺应历史大势，齐心协力走向中华民族伟大复兴的豪迈情怀和必胜信念。

创意说明　以巨大的鲲鹏造型为主体形象。彩车两侧彩带由方阵之中向车头汇聚，后面紧跟各省（区、市）和港澳台地区的 34 组地方彩车。

表现形式　鲲鹏造型的翅膀扇形打开，形成鲲鹏展翅的形态，象征中华民族生生不息、扶摇直上的腾飞气势。各省（区、市）和港澳台地区彩车以左右交错的阵型行进，展现新时代全国各地发展变化的成就。

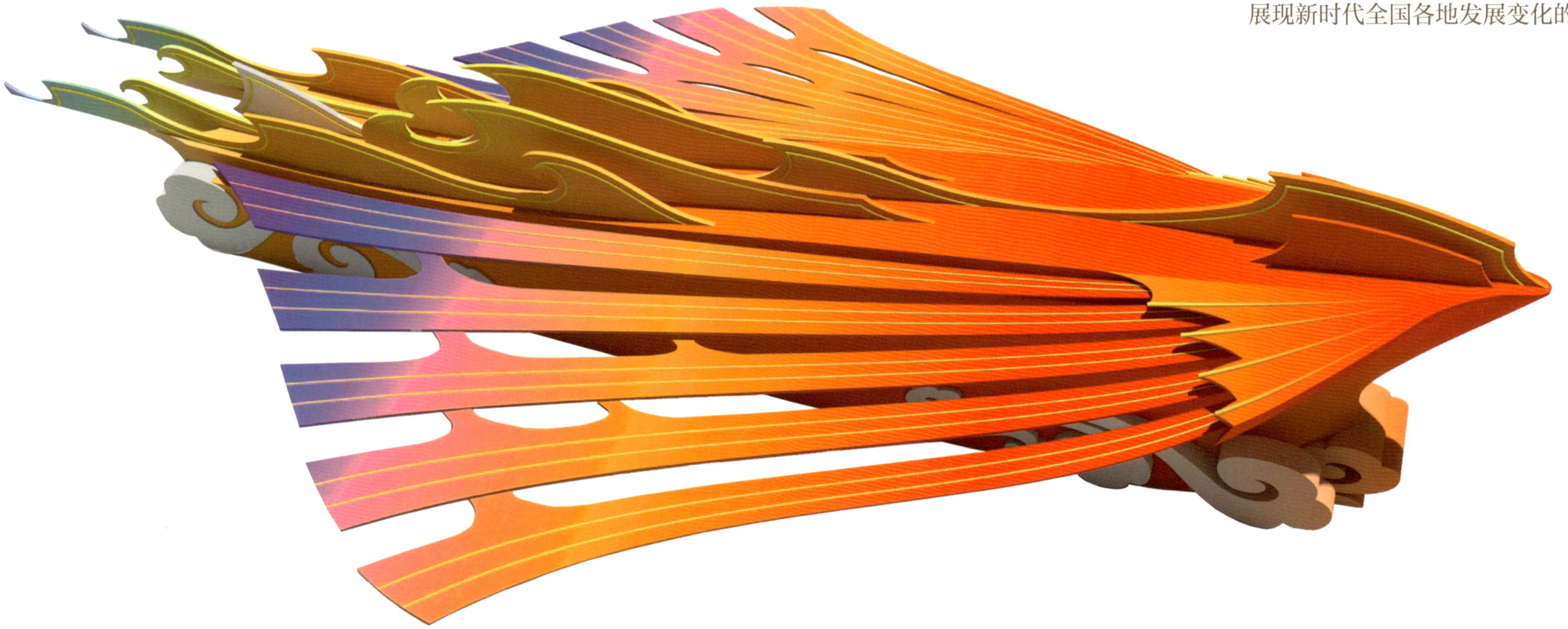

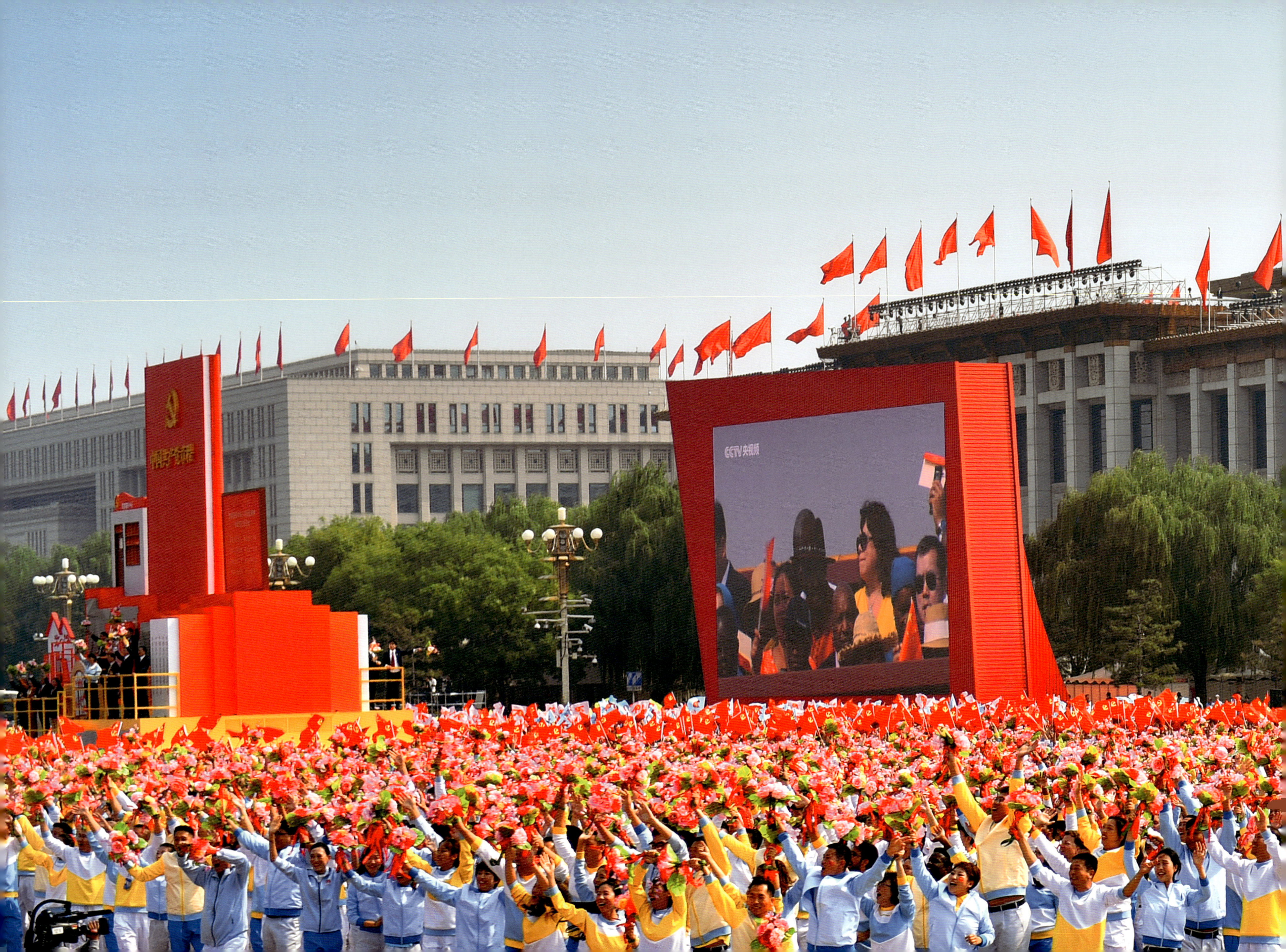
CCTV 央视频

CR 中欧班列

人类命运共同体彩车

五彩风帆

黄蓝两色桥体

沙漠陆地和海洋

中欧班列

表现内容　展示中国推动建设开放型世界经济，一步一步把“一带一路”建设推向前进，为世界贡献中国智慧、中国方案、中国力量，成为国际社会公认的世界和平的建设者、全球发展的贡献者、国际秩序的维护者。

创意说明　以代表五大洲的五彩风帆、象征互联互通的黄蓝两色桥体造型为主体形象，底座上的海洋代表21世纪海上丝绸之路，沙漠陆地代表丝绸之路经济带，寓意“一带一路”倡议取得显著成效，人类命运共同体理念得到更好实践。

车上人员　有较大影响力的外国友好人士代表。

中国共产党章程
党群服务中心
贯彻落实中央八项规定精神
专题民主生活会

从严治党彩车

党章

党群活动服务中心（政治建设）

党员手机使用学习强国场景（思想建设）

社区服务场景（组织建设）

农村党支部干群关系场景（作风建设）

贯彻中央八项规定民主生活会场景（纪律建设）

党支部规范化建设工作手册（制度建设）

表现内容 展示党的十八大以来，以习近平同志为核心的党中央坚定推进全面从严治党，以党的政治建设为统领，全面推进党的政治建设、思想建设、组织建设、作风建设、纪律建设，把制度建设贯穿其中，深入推进反腐败斗争，不断提高党的建设质量，为党和国家事业发展提供了坚强政治保证。

创意说明 以党章为主体形象，错落有致的岩石构成车身，寓意筑牢从严治党的“压舱石”。在蜿蜒向上的道路上场景化展示政治建设、思想建设、组织建设、作风建设、纪律建设、制度建设、反腐败斗争等从严治党的内容，寓意从严治党永远在路上，展现党中央推进全面从严治党的坚强决心和巨大成效。

车上人员 全国先进基层党组织代表、全国优秀党务工作者代表、全国纪检监察系统先进集体及先进工作者代表。

中国共产党章程
贯彻落实中央八项规定精神
专题民主生活会
改进调查研究 精简会议活动
精简文件简报 规范出访活动
改进警卫工作 改进新闻报道
严格文稿发表 厉行勤俭节约
党群服务中心
强国
xuexi.cn

为中国人

为中华民族谋复兴
不忘初心

不忘初心彩车

党徽

优秀共产党员彩塑

表现内容　展示中国共产党人为中国人民谋幸福、为中华民族谋复兴的初心和使命，以及全心全意为人民服务的根本宗旨。

创意说明　车体以五彩飘带造型为主体形象。车上由金色山体托起党徽，寓意中国共产党“为人民服务”的承诺如山。

表现形式　车上屹立焦裕禄、孔繁森、杨善洲、罗阳、廖俊波、黄大年、李保国、王继才、谷文昌等各时期优秀共产党员的群体彩塑，用广为熟知的优秀典型诠释党的初心、使命、宗旨和与人民群众的血肉联系。

车上人员　全国优秀共产党员代表。

1949
为中国人民谋幸福
为中华民族谋复兴

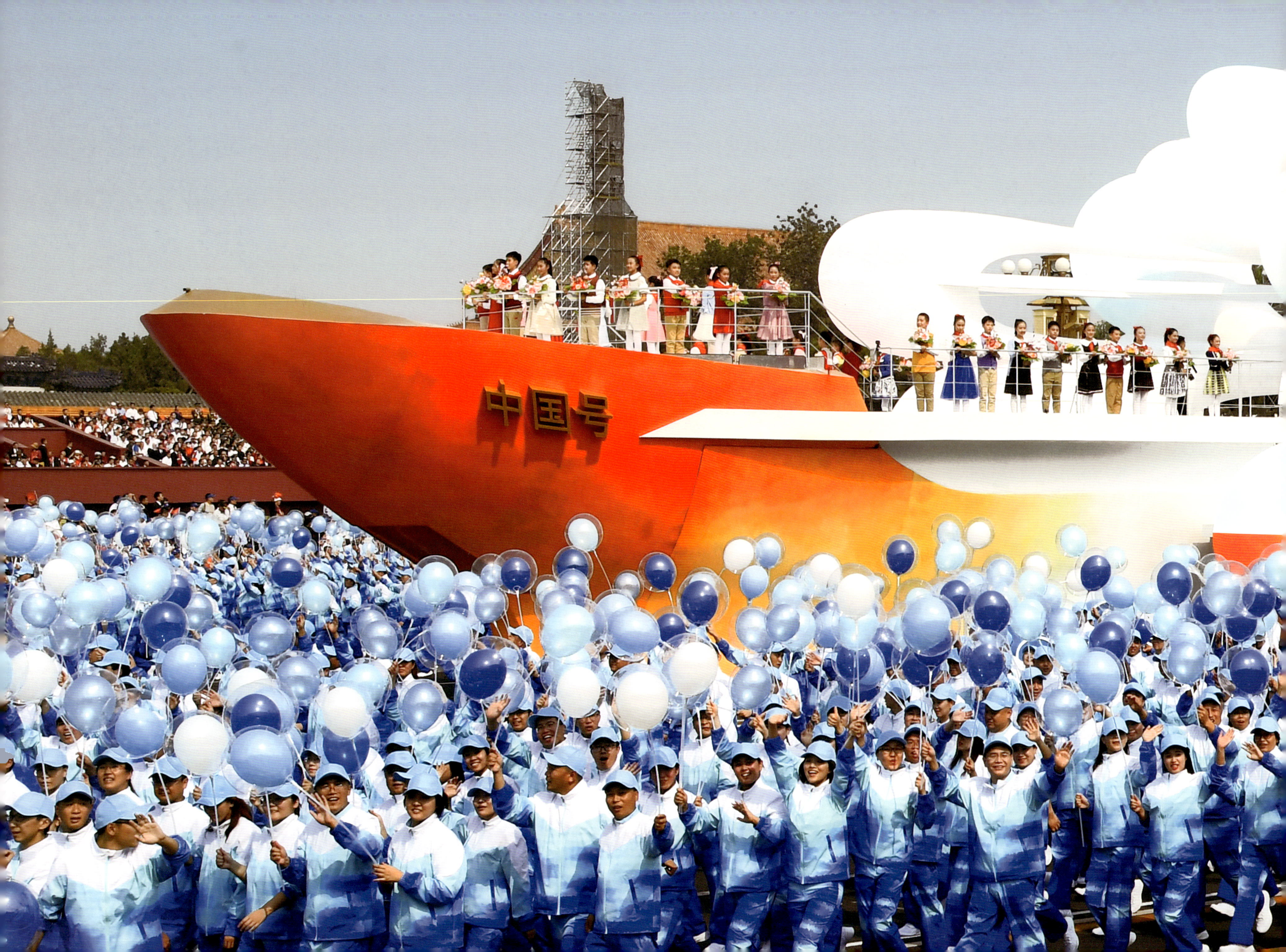
中国号

中华
共和国万岁
世界人民大团结万岁

扬帆远航彩车

云帆

浪花装饰

副船体

表现内容　展示中国共产党带领全国各族人民跑好中华民族伟大复兴接力赛的坚定信念。寓意中国共产党掌舵领航，承载着13亿多中国人民伟大梦想的中华巨轮继续劈波斩浪、扬帆远航，胜利驶向充满希望的明天。

创意说明　以“中国号”巨轮、错落的云帆、海浪为主体形象。

表现形式　到达天安门核心区时，两侧云帆升起，尾翼后移，展现“直挂云帆济沧海”的意境。

车上人员　少年儿童。

中国号

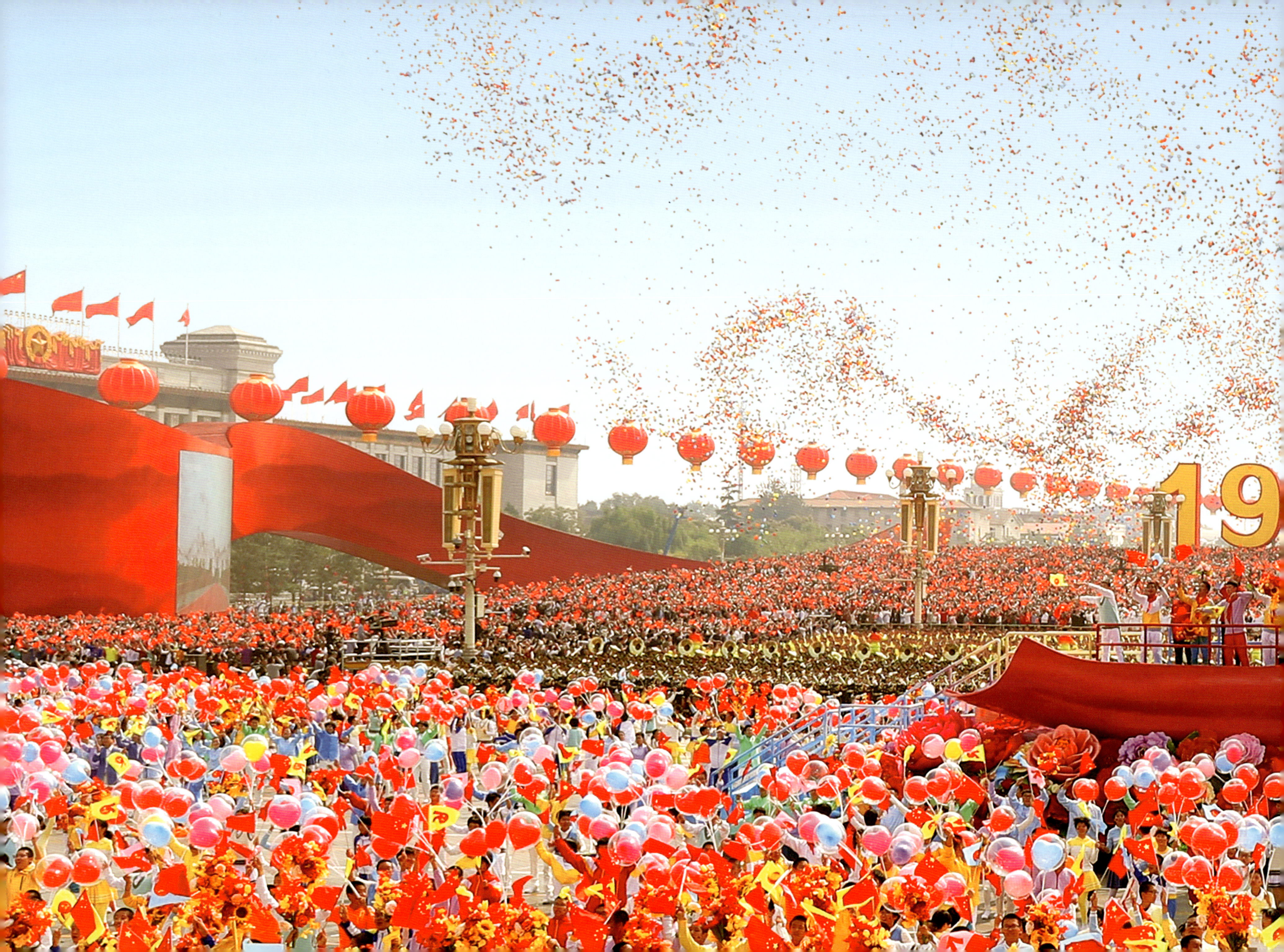

庆 2019
祖国万岁

祖国万岁彩车

依据中国传统回形纹创新设计的花篮

盘旋上升的红绸

表现内容 表达全体中华儿女对新中国70华诞的衷心祝福和对伟大祖国锦绣前程的美好祝愿。

创意说明 依据中国传统吉祥图案回形纹创新设计的万紫千红、花团锦簇的花篮为主体形象。彩车底座由抽象的花篮构成，飘动的红绸在车身上盘旋上升，寓意祖国发展蒸蒸日上。

表现形式 行进过程中，花篮沿轴线缓缓旋转。部分方阵人员登上彩车，欢呼庆祝共和国生日。

热烈庆祝
中华人民共和国成立70周年
祖国万岁

地方彩车

中华人民共和国万岁
世界人民大团结万岁

北京彩车

北京雨燕

天坛

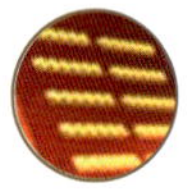
北京城门

雁栖湖国际会议中心

北京大兴国际机场

表现内容　以北京“四个中心”功能定位为主题，用现代的艺术手法展示党的十八大以来北京的建设发展成就，突出展现“都”与“城”协调共进、传统与现代交融统一，经济社会蓬勃发展、首善之区日益彰显的“新北京”形象。

创意说明　以北京雨燕腾飞动势引领的四条 LED 彩带为主体形象，通过抽象写意的艺术语言表现北京的“四个中心”建设，车体前端“上扬”态势和“中华儿女”主题彩车的“延展”形成有效衔接，成为 34 组地方彩车的引领。天坛、红墙、北京城门和“汉唐飞扬”雁栖湖国际会议中心、北京大兴国际机场与彩带共同构成协调的整体，寓意从历史经由现在走向未来，彰显北京厚重的历史文化、端庄大气的首都形象以及“新北京”的昂扬精神。

表现形式　进入天安门核心区时，四条彩带 LED 屏幕滚动展示“四个中心”以及城市副中心建设、京津冀协同发展等相关内容，凝聚向上腾飞的态势，展现北京“高质量发展”的新趋势。科技元素的人工智能和集成电路造型在基座上延展，体现现代科技的动感。

北京

天津彩车

精卫鸟

龙门吊

集装箱

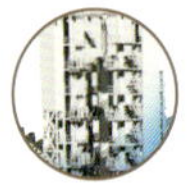
振动塔

“天津之眼”

表现内容 展示新时代、新天津，定位于天津的地域文化特色，围绕习近平总书记亲自谋划的京津冀协同发展大战略中的天津发展定位，以新时代、新面貌、新征程为设计要点，构成国际化大都市——天津的城市面貌与气质。展示天津70年来与新中国同步，尤其是党的十八大以来日新月异的城市形象，展示迈着新时代的步伐创造绚丽多彩未来的视觉感受。以激昂奋斗的姿态表现了天津人民紧密团结在以习近平同志为核心的党中央周围，牢记使命、砥砺前行，共创美好明天的精神风貌。

创意说明 以飘扬的旗帜、天津特色建筑、天津高科技产业发展元素为主体造型，以红蓝色主调巧妙地将各种元素融为一体，形成场面激越、色彩明快、氛围热烈、造型现代的整体效果。

表现形式 彩车在行进过程中，“天津之眼”持续转动。

河北彩车

蓝图卷轴

如意滑雪跳台

西柏坡元素

智能机器人

太行山图像

表现内容　展示雄安新区，体现“千年大计、国家大事”。

创意说明　以坚实的现代艺术构造体“大展蓝图”为底座，加上西柏坡、太行山及冬奥会元素，描绘出丰富的河北特点，展现新中国从这里走来并步入辉煌未来。车体前部展现西柏坡元素，寓意新中国从这里走来；衔接雄伟壮丽的太行山大美河北风光；由雄安蓝图自然过渡到冬奥美景，基座造型如坚毅的基石，为美好的明日蓝图提供稳固根基。

表现形式　蓝图造型为展开的大画卷，采用彩绘灯箱结合局部LED 工艺设计。通过蓝图造型一侧设置的机器人可点亮“雄安”二字，让观众对彩车主题一目了然；主画面以荷花环绕、鸟儿飞掠蓝天的特效体现绿色雄安；以智能未来图形、机器人等体现智慧、创新雄安。

雄安
西柏坡
2022

山西彩车

不锈钢雕塑

威风鼓

黄河

现代智能旋转舞台

写意太行山

剪纸

表现内容 展示“山西新转型　共享新未来”，展示山西人民牢记习近平总书记嘱托，奋力推进山西建设资源型经济转型发展示范区、打造能源革命排头兵、构建内陆地区对外开放新高地的新实践，展示“山西步伐、山西路径、山西气魄、山西答卷、山西担当”的新形象。

创意说明 以“鼓舞山河　追梦奋进”为创意思路，采取写意与写实、传统与现代、表演与表现、厚重与时尚相结合的设计理念。车头为不锈钢艺术雕塑，基座为黄河水浪造型；车身主体为写意太行山，一侧为红色太行军民群雕、新农村建设浮雕，另一侧为绿色太行镶嵌挂壁公路；车中部为一面威风鼓；车后端为现代智能旋转舞台；底座为长城雁门关。

表现形式 彩车在行进过程中，现代智能旋转舞台持续转动，鼓腔剪纸纹饰转动，鼓面 LED 视频、黄河造型 LED 影像不断变幻，与威风鼓、太行山、黄河、不锈钢雕塑、古建、绿色生态等静态元素形成对比，整体展示山西新时代转型发展的新成果和绿色生态的新面貌。

山西
清洁新能源

内蒙古彩车

奔马群雕塑

云计算中心等新时代新成就

乌兰牧骑

表现内容　展示吃苦耐劳、一往无前的“蒙古马精神”，展示内蒙古自治区各族人民守望相助、团结奋斗的精神风貌，展示党的十八大以来内蒙古自治区取得的历史性成就，表达全自治区人民与以习近平同志为核心的党中央保持高度一致的坚强决心和坚定信心。

创意说明　彩车上部由气势磅礴的奔马群雕塑组成，展现脚踏实地、坚韧不拔、勇往直前的“蒙古马精神”，营造出奔马群驰骋在被未来感、幸福感填满的草原环境空间；用代表着未来感的线状草原与山体结构解释数字化草原，展现“生态优先、绿色发展”理念下的内蒙古大草原“数字化”全覆盖；彩车顶部是代表当今内蒙古“云计算中心”的“数字云”符号；彩车下方是来自工业与农牧产品加工业的自动化生产线元素以及风能、光伏能源元素；以乌兰牧骑人车互动展现“乌兰牧骑精神”的传承发展。

辽宁彩车

飞翔的机器巨人

齿轮组

钢包及钢水

人机合奏

表现内容　展示如今的辽宁正在全面振兴、全方位振兴的新征程上，凤凰涅槃、振翅腾飞。

创意说明　以乘风破浪的巨轮和机器巨人为主体造型。巨轮承载着光荣与梦想，寓意在新时代的伟大征程中奋勇起航。飞翔的机器巨人代表辽宁工业最新成就，寓意未来人工智能、装备制造、新型工业的发展方向；转动的齿轮寓意辽宁工业动能不断发展、永不停歇；悬空的钢包奔流出火红的钢水，寓意新中国第一炉钢水源自辽宁；儿童与机器人合奏，展现辽宁科技成就，体现工业 4.0 智能化发展方向、人机合一梦想；彩带当空飞舞，象征着辽宁的母亲河辽河。

表现形式　彩车在行进中通过 LED 屏幕变化使机器人有振翅飞翔之感；巨大的工业齿轮有力地转动，表现出辽宁雄厚的工业基础和装备制造能力；彩车中部为 LED 屏幕，展现出钢水晕染成代表辽宁地域特色的盘锦红海滩实景，过渡为雷锋等英模群像，展现工业文明与生态文明、精神文明共同发展的和谐景象；彩车尾部展现辽宁生产的飞机发动机飞速旋转，寓意推动辽宁的飞速发展。

吉林彩车

“吉林一号”卫星

长白山

金达莱花

表现内容　展示吉林在科技创新、绿色生态、智慧农业等方面取得的成果，以红旗轿车、“吉林一号”卫星、长白山及金达莱花等元素为主体形象，表达吉林人民“同心共筑中国梦，并肩携手创未来”的凌云之志。

创意说明　车头部分采用红旗轿车元素，彩车两翼承载着大美瑰宝长白山，车身环绕金色稻穗，以玉米、冬捕鱼、人参、金达莱花为装饰，车尾上方高悬“吉林一号”卫星，其环形轨迹内部呈现水幕影像。

吉林

黑龙江彩车

粮仓

卫星

抽油机

表现内容　展示近年来黑龙江发挥独特的地域特点及自然环境优势，在科技大发展中带动各个行业迈向新时代。

创意说明　以粮仓、丰收大地、科技腾飞、良好生态、冰雪文化等元素构成彩车主体造型。采用两侧对称的结构，两侧车身层次递进，车头圆润，尾部为规则方圆造型，立体空间层次明显，中间卫星为整体最高点。

表现形式　彩车在行进中，有转动的卫星、荡漾的芦苇，粮仓叶脉上下微动、抽油机起伏工作、丹顶鹤翩翩起舞并匀速旋转。整个车体晶莹剔透，镶嵌反光亮点，利用自然光闪烁变化。

大庆
大庆

上海彩车

表现内容 展示开拓创新、奋进上海，突出上海是党的诞生地，突出上海城市精神，突出上海改革开放以来特别是党的十八大以来取得的重要发展成就。充分展示上海作为“改革开放排头兵，创新发展先行者”，在新时代新起点按照习近平总书记提出的新要求，团结一致向前进、奋发有为再出发的蓬勃气象。

创意说明 以万吨巨轮为主体造型，展现上海在新时代乘风破浪、继续远航；船头的中共一大会址寓意不忘初心，与后方的城市天际线共同构成了上海的历史与现在；C919 大型客机象征城市的新发展与新动能；能量隧道代表城市的高速发展；世博会中国馆、进博会主场馆写意表达十年的跨越；船尾的上海光源象征科技推动城市不断向前。

表现形式 上海光源、国家会展中心与世博会中国馆，既能自行旋转升降，也能组合换位。演员服装以 LED 为材质，配合车身视频不断变化，体现科技力量。

江苏彩车

“蛟龙号”深潜器

“神威·太湖之光”超级计算机

全地形智能工程机械

奋进奔跑江苏人

南京云锦造型

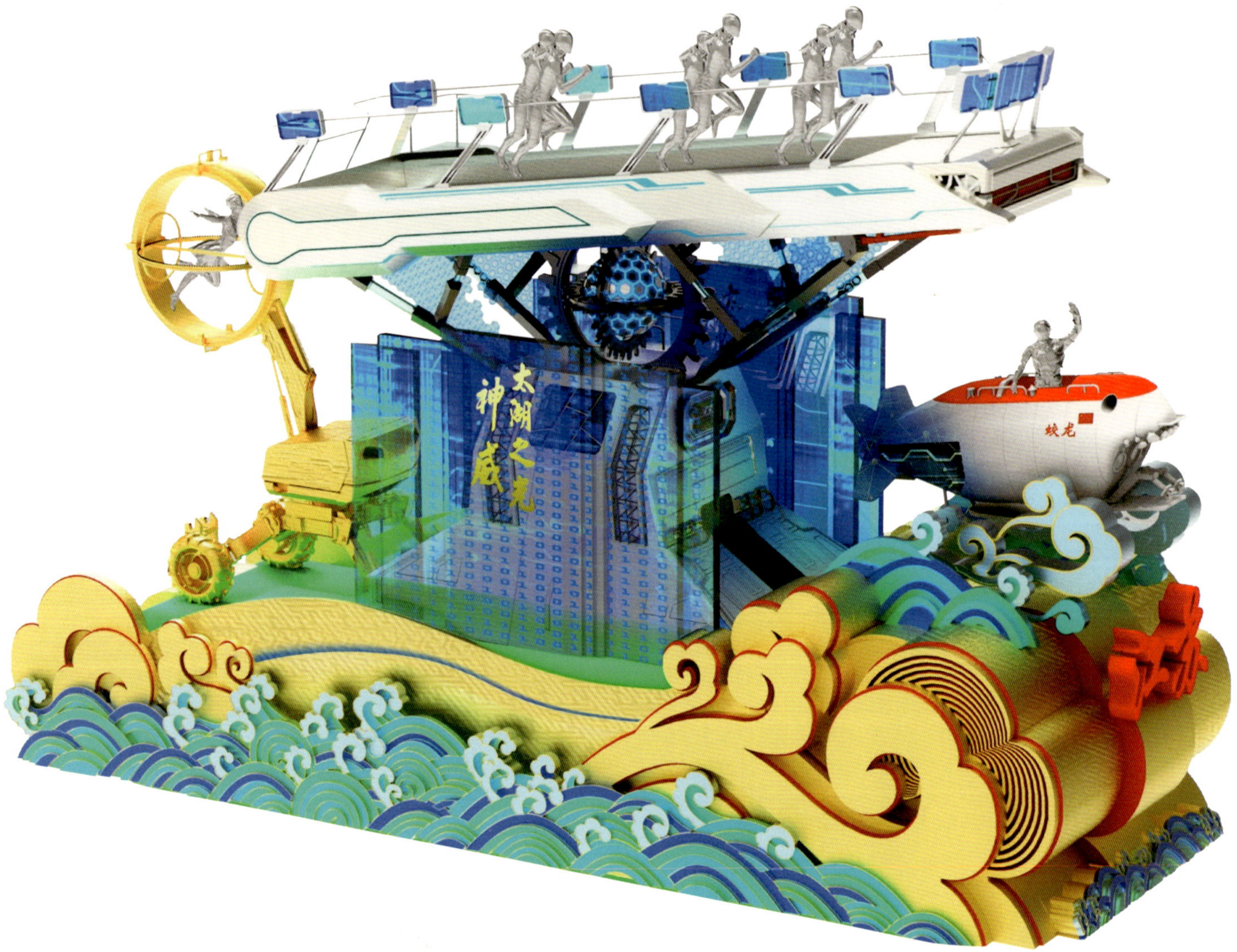

表现内容 展示“强富美高”新江苏，贯彻2014年12月习近平总书记视察江苏工作时，对江苏提出的“努力建设经济强、百姓富、环境美、社会文明程度高的新江苏”重要指示精神。突出“江苏智造”主题，展示新时代江苏智能制造的创新精神，展示江苏丰厚的人文底蕴和不断奋进的人文精神。

创意说明 整体以科技、智能为主题，以“蛟龙号”深潜器、“神威·太湖之光”超级计算机、全地形智能工程机械等为主体造型，体现江苏的发展成就，突出江苏的地域特征。

表现形式 彩车在行进中，车头顶部“蛟龙号”深潜器模型做升降运动。“神威·太湖之光”超级计算机 LED 显示屏动态展现新时代新江苏的重要发展成果。全地形智能工程机械车身升降变形、机械臂转动表演。彩车上舞蹈表演以高速发展的科技智能创造为表现主题。

蛟龙
ONCE

浙江彩车

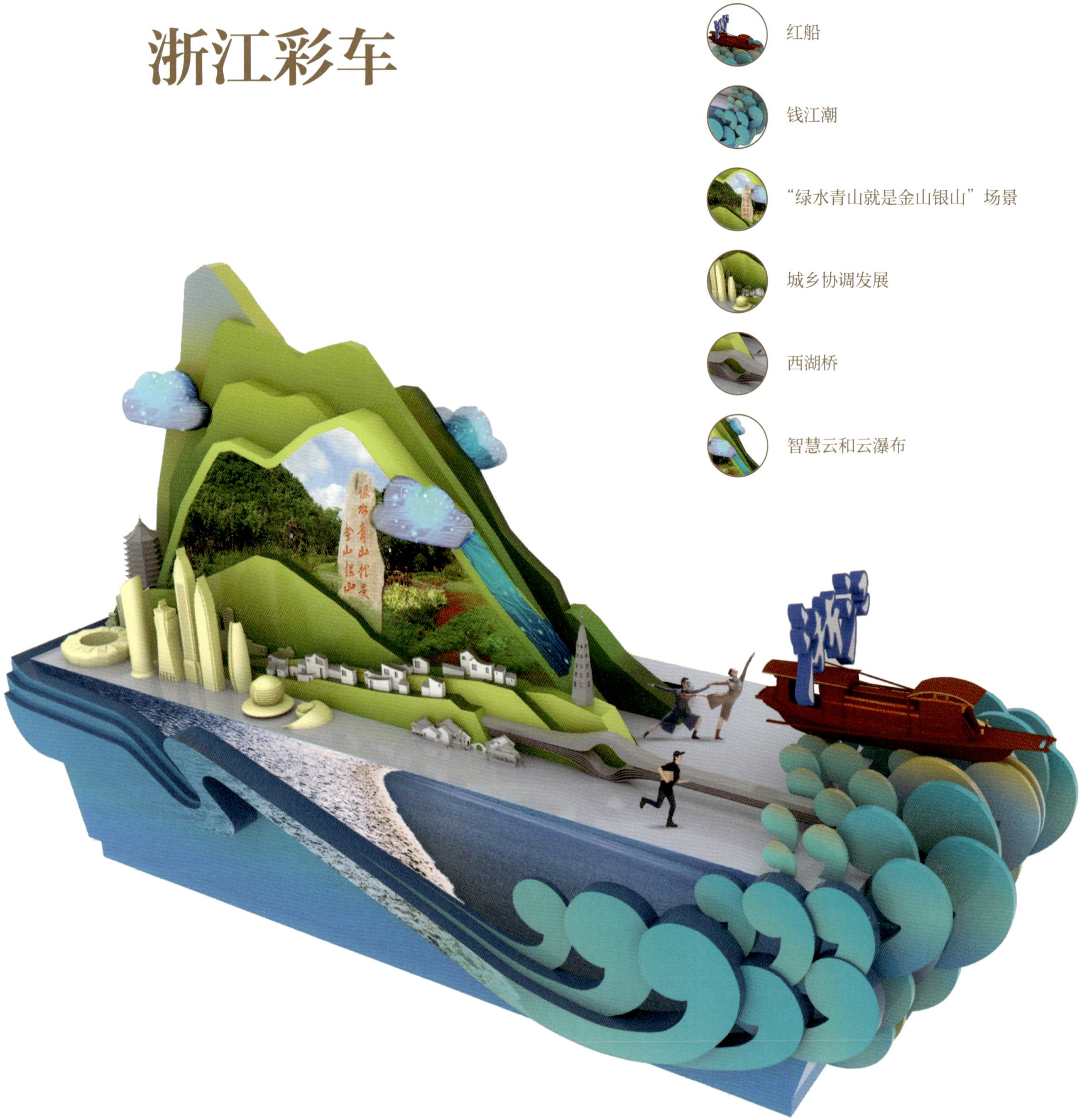

表现内容　展示潮涌之江，紧扣浙江作为“中国革命红船起航地、改革开放先行地和习近平新时代中国特色社会主义思想重要萌发地”的独特优势，着力展示浙江践行习近平总书记“干在实处永无止境、走在前列要谋新篇、勇立潮头方显担当”新期望的决心，突出浙江特色、营造喜庆氛围、呈现高科技发展特点。

创意说明　以前行的航船为主体造型，载着践行习近平新时代中国特色社会主义思想的浙江担当驶入新时代，红船立于壮阔澎湃的钱江潮之上，船上山体展现“绿水青山就是金山银山”理念，船身展现城乡协调发展景象，船尾“之”字与钱江潮相连，展现浙江正奋力推进“八八战略”新征程，展现“干在实处、走在前列、勇立潮头”的浙江精神。

表现形式　彩车行进中，车头用机械传动方式动态展现钱江潮涌，凸显勇立潮头的动态感。

浙江
福建
安徽

安徽彩车

智能机器人

凤阳县小岗村

徽派建筑、黄梅戏

黄山迎客松

表现内容 展示美好安徽，坚持以习近平新时代中国特色社会主义思想和习近平总书记视察安徽重要讲话精神为指导，展示现代化五大发展美好安徽，展示改革发展新成就、新形象，展现安徽人民欢庆新中国成立 70 周年的喜悦之情，体现安徽特色和民俗民风。

创意说明 以江豚为车身造型，提取安徽人文、科技创新、时代发展相关典型元素，彰显科技创新引领幸福生活，展现新时代安徽民居幸福生活场景，立体呈现一幅和谐的人居场景，打造高视觉冲击力、高辨识度的安徽彩车。

表现形式 车身以 LED 屏幕呈现动态变换，黄梅戏《女驸马》、凤阳花鼓队演员动情表演，由真人扮演机器人激情挥舞国旗。

凤阳县小岗村

福建彩车

古田会议会址

日光岩

玉女峰

数字福建云计算中心

表现内容 展示习近平生态文明思想在福建的实践，凸显福建“机制活、产业优、百姓富、生态美”的发展理念。福建地势呈“依山傍海”的态势，山地、丘陵面积占全省总面积的 90%，彩车照此特点进行设计，山清水秀，白鹭齐飞，车侧海浪起伏，海豚跳跃，展现生态美；代表信息化的电路符号衔接到代表数字经济的福建云计算中心，展现产业优。

创意说明 以福建代表性的古田会议会址、日光岩、玉女峰、数字福建云计算中心、彩虹桥及代表生态美的榕树为主体造型，在不超出限制范围的前提下，选用绿色环保阻燃轻质材料。主体榕树造型为透风设计，减小风阻提高安全性。彩车采用彩绘、灯箱立体造型、立体字、冰屏、激光投影点缀等技术手段实现丰富的视觉效果。

表现形式 彩车在行进过程中，榕树叶片造型变大；通过冰屏、激光投影等展现树上白鹭展翅飞翔；通过灯光展现车侧海浪起伏。

福建

江西彩车

浪花青花如意

牡丹亭

表现内容　展示江西“四色”，即江西的本色是红色、江西的底色是古色、江西的亮色是绿色，江西人民在省委、省政府的带领下，用实干之功，把红色、古色、绿色汇聚成发展的金色。

创意说明　以青花纹样结合水纹演化出如意车身造型；以巍峨高耸的井冈山 LED 屏幕为主造型；以牡丹亭作为山体过渡，并设置表演舞台。

表现形式　彩车行进中井冈山 LED 屏幕进行视频播放，通过红色、古色、绿色、金色等视频内容，演绎江西“红色摇篮”“绿色家园”以及“高质量跨越式发展”等发展主题。通过舞台上的演员及机器人进行协同表演，综合展示江西人民 70 年来不断加快社会主义现代化建设取得的宏伟成就。

江西
井冈山

山东彩车

沂蒙情展演

“蓝鲸 1 号”钻井平台

潍柴动力发动机

表现内容 展示山东人民与祖国同行、喜迎新中国 70 华诞、共享祖国荣光的喜悦之情，展示山东人民改革创新、锐意进取、勇立潮头的时代精神，展示山东在全面建成小康社会进程中走在前列、全面开创新时代现代化强省建设的强劲势头。

创意说明 以一艘乘风破浪、奔向新时代的巨轮和泰山为标志的齐鲁大地构成彩车主体造型，取航拍山体的雄浑气势，将国画泰山的气韵以立体塑造呈现。

表现形式 彩车行进中牡丹花盛开，配以碧波荡漾的装饰纹样，渲染国泰民安的主题和节庆气氛。

国泰民安

河南彩车

盘鼓

空中丝路

郑欧班列

新航站楼

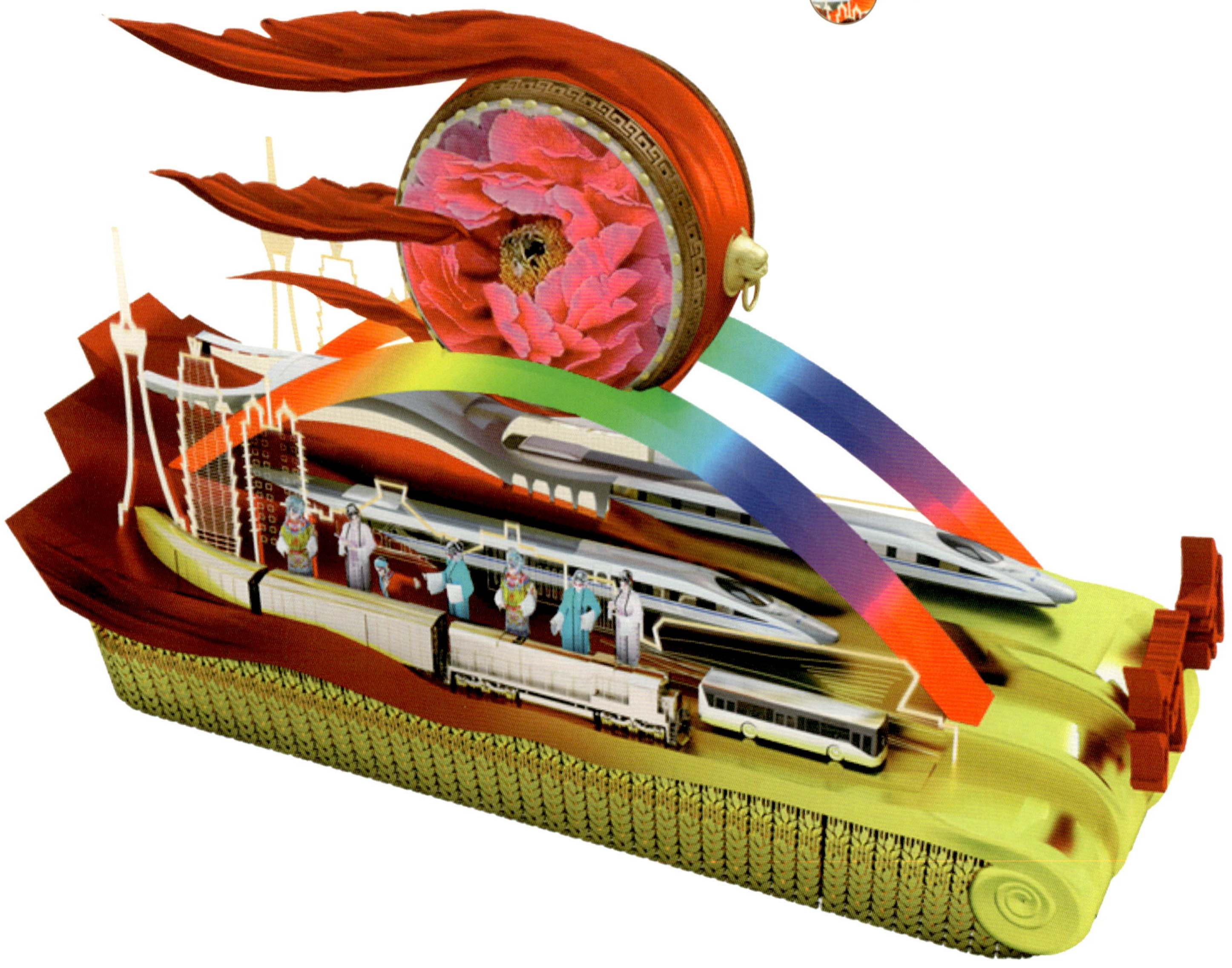

表现内容 展示河南在新时代牢记习近平总书记“让中原更加出彩”的殷切嘱托，砥砺奋斗取得的发展成果。

创意说明 以立体交通、彩虹桥、盘鼓等为彩车主体造型。以麦穗、城市天际线等展示河南大力推进国家中心城市建设、实施乡村振兴战略、扛稳粮食安全重任。以开封盘鼓等展示河南传承历史文化、打造全国重要文化高地。以两层高铁、一层郑欧铁路、一层公路上的客车构成立体交通枢纽；空中丝路、郑欧班列等展示河南打造内陆开放高地、推动中原成为开放前沿；高铁、客车等展示河南贯通南北、连接东西的现代立体交通枢纽。以彩虹桥造型象征欧亚大陆桥。以黄河水形成的丝绸带托起由郑州天际线组成的城市和交通枢纽，象征郑州是丝绸之路的重要城市。

表现形式 彩车行进中，彩虹桥 LED 和盘鼓 LED 屏幕不断切换画面。

郑欧班列
郑欧班列

湖北彩车

武汉光谷地标建筑

三峡大坝

楚凤造型

第七届世界军人运动会吉祥物

心形 LED 屏幕

表现内容　展示新时代湖北发展的新思维、新观念、新战略，向全世界传递湖北人民奋勇争先，高举科技创新之炬，着力推动绿色发展和科技创新的理念，着力打造高质量发展的新动能体系，努力把湖北省建设成为中部地区崛起的重要战略支点，在转变经济发展方式上走在全国前列的坚定信念。

创意说明　对光谷地标建筑、长江、汉江、三峡大坝等元素进行提炼和艺术表现，在整体色调上采用了蓝、绿、橙色，传达出“绿色生态”“科技创新”“活力绽放”等概念。以体现中部崛起的六瓣花造型为主体造型；车头为三峡大坝造型；车身两侧为体现长江经济带和汉江生态经济带的纹饰与楚凤的造型融合，有“两江汇，楚凤出”之意，辅以武汉长江斜拉桥及城市天际线。

表现形式　六瓣花造型外立面采用最新 LED 曲面屏技术，通过营造富有科技感的光效形成绽放效果，配合光效六瓣花缓缓转动。

湖北
天河二号
CHINA 2019
HUNAN

湖南彩车

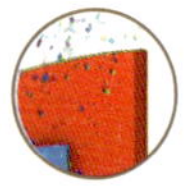
红色基因

苗寨

工程机械

科技创新

表现内容 展示湖湘儿女以“敢教日月换新天”的豪迈气概，创新引领、开放崛起，着力高质量发展，着力精准扶贫，建设富饶美丽幸福新湖南。

创意说明 以抽象化处理的工程概念车为车头造型，以双绕彩车的青山绿水为车身主体造型，车身上方呈现内容为代表湖南红色基因的红旗引领，并抽象表现十八洞村、苗寨、稻浪、工程机械、“天河二号”超级计算机、张家界奇峰秀石等元素，进行整体化协调，形成动感和韵律。以流线造型风格对车体上下进行形式统一，局部穿插平直线条，增强力度感，丰富设计语言。

表现形式 以 LED 屏幕为媒介表现十八洞村背景朝霞以及张家界群山造型，与十八洞抽象山体、车身等形成形式上的对比。旋转的盾构机、展开的机械泵臂以及由泵车喷出的彩色花瓣，构成彩车的机械动态部分，营造欢庆的氛围。在此背景下，少数民族村民、产业工人与彩车互动，形成多样化表现方式。

天河二号
十八洞
CHINA 2019
HUNAN

广东彩车

千帆竞发

英雄木棉

智慧未来

表现内容　展示广东敢为人先和实现“四个走在全国前列”的决心，以“千帆竞发”“英雄木棉”“数字海洋”等元素，体现“智慧广东”和“改革开放再出发”的内涵，用现代的设计语言展示新中国成立 70 年来广东的发展。

创意说明　彩车最上层为千帆竞发动感造型、绽放的木棉花和崛起在木棉花上的智慧城市，中间层为起伏涌动的数字海洋，最下层为彩车底盘以及底盘内部代表广东建设者的操控队伍。彩车整体采用新工艺铝合金框架，使用高科技新材料、先进视觉显示手段展现科技感。

表现形式　彩车底座和 70 条高科技显示材料长板组成的“数字海洋”配合机械数控编程技术不断运动，形成海浪波涛翻涌的效果，极富动感。

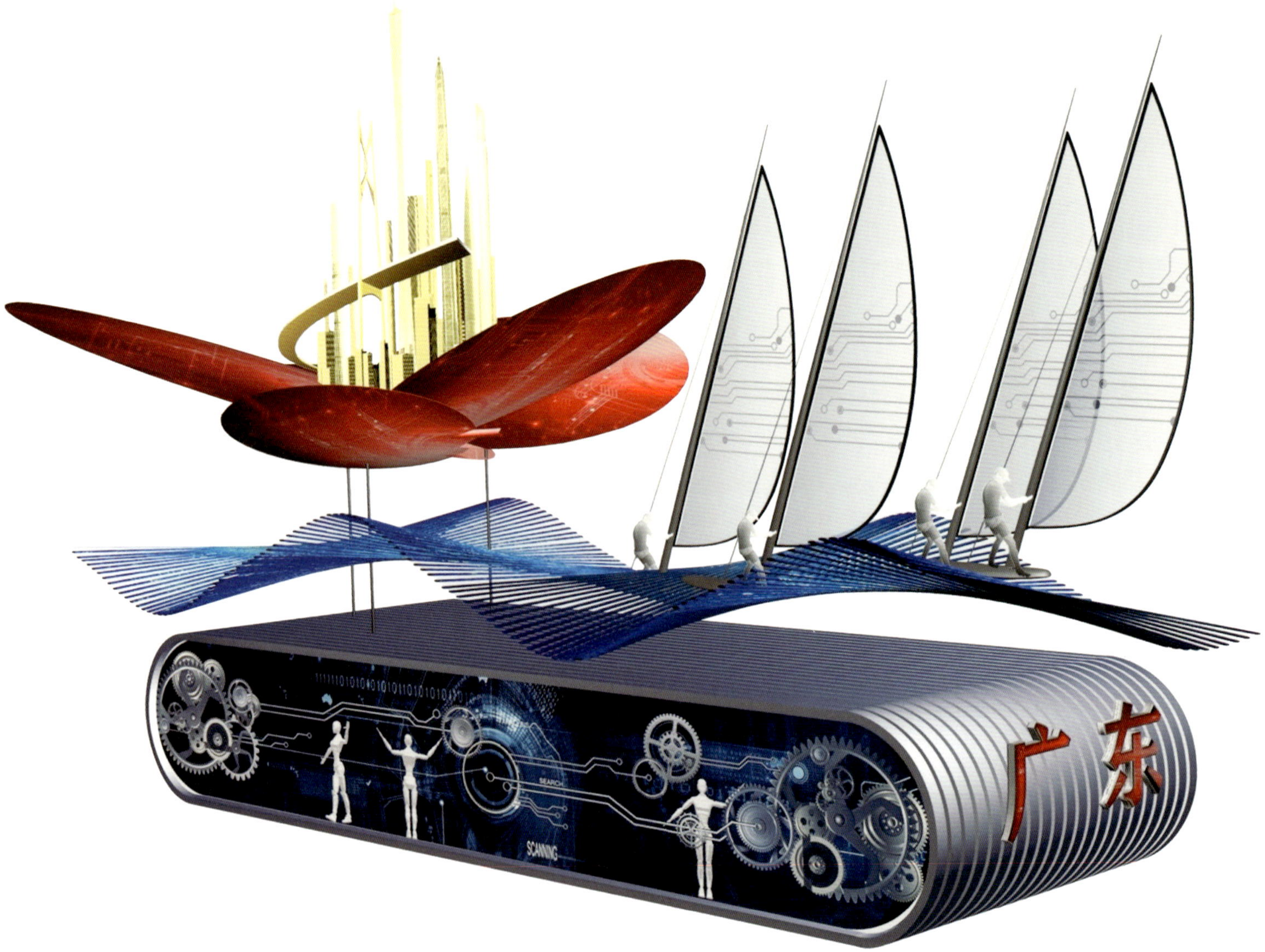

广东

广西彩车

铜鼓

壮锦图案

绣球

铜鼓纹样

凤灯

桂林山水

表现内容　展现壮美广西，突出政治性、地域性、时代性和民族性的总体定位。

创意说明　以金铜色铜鼓、绣球及车体上方立体构成的山阵列造型为主体造型；车头底部由浪花造型组成，上方矗立着两只金铜色凤灯，浪花造型表面饰以壮族特色壮锦图案；车头浪花造型向后起伏延伸，浪花中跳跃着数只五色海豚，营造喜庆欢愉的氛围。

表现形式　绣球可 360° 旋转并上下升降；山体造型由数字系统控制升降装置构成，可以阵列升降组成三组不同的喀斯特地貌造型并产生阵列声波效果；铜鼓纹样包裹的大屏幕是动态画面的展示窗口，在巡游中提供变化的画面。

海南彩车

 “深海勇士号”载人潜水器

 海南热带雨林国家公园

 环岛高铁

 文昌卫星发射中心

 三亚凤凰岛国际邮轮港

 甲板海洋舞台（人车互动）

 博鳌亚洲论坛永久会址

表现内容　展示海南建设全面深化改革开放试验区、国家生态文明试验区、国际旅游消费中心、国家重大战略服务保障区的战略定位，展示海南建省办特区 31 年特别是近 10 年来以及建设自由贸易试验区、中国特色自由贸易港的海南新形象。

创意说明　以现代大型旅游邮轮为主体造型，分海底、海面、岛屿、山峰、天空五个空间。海底和天空呈现“九天揽月、五洋捉鳖”寓意。海底是自然生态资源加上“深海勇士号”载人潜水器，另有五指山为代表的海南热带雨林国家公园、环岛高铁、文昌卫星发射中心、三亚凤凰岛国际邮轮港等元素。

表现形式　海底为弧度电子屏，展示海底世界和海南形象。海面在邮轮甲板位置，展示环岛高铁行驶。

文昌卫星
海南

重庆彩车

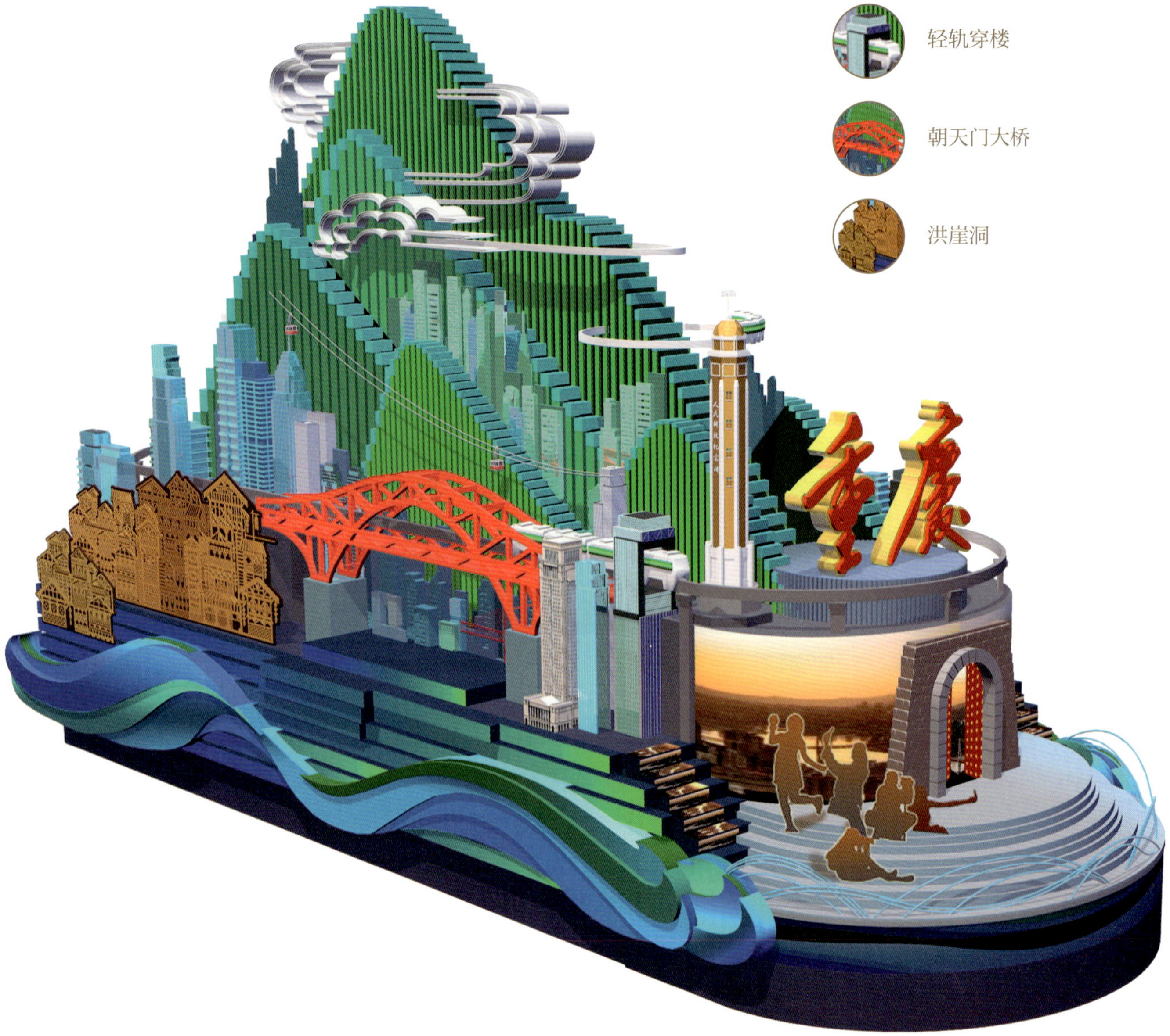

表现内容 展示新时代重庆建设发展画卷。充分展现新时代的重庆按照习近平总书记提出的“两点”定位、“两地”“两高”目标，发挥“三个作用”的重要指示要求，加快建设山清水秀美丽之地、内陆开放高地，以“行千里、致广大”的奋发姿态，开创新局面，展现新作为。

创意说明 以立体山城为主体造型，以立体交通、山在城中、城在山中为表现元素。通过独特地貌、立体交通、城市地标、现代建筑、七彩光效，以及远近、高低、大小、疏密的对比，构成一幅立体的绿水青山交响诗画。

表现形式 彩车行进中，部分山体通过数字翻板，实现三峡红叶、绿水青山、立体现代城市三大主题色彩内容更替呈现，具有强烈的时代气息和视觉效果；近中远三大层次建筑，辅以光效，让城市更加立体梦幻；山体和水纹底座在行进中伴随着 LED 光带的互动光效，流光溢彩。

庆
重庆

四川彩车

中欧班列·蓉欧快铁

藏羌彝汉歌舞表演

金沙太阳神鸟金箔

藏羌彝新寨

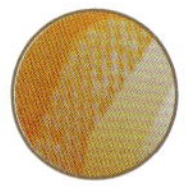
三星堆古蜀文化

页岩气井开采场景

“华龙一号”全球首堆

表现内容　展示新时代、新天府，展示四川经济发展、科技创新、乡村振兴新成果，表达治蜀兴川新理念、天府家园新形象、改革开放新成就、人民幸福新生活，彰显祖国繁荣昌盛和四川人民团结奋进、共筑伟大中国梦的时代精神风貌。

创意说明　彩车造型主要分为三层。底层为江流托起古蜀文化的艺术浮雕；中层由秀美巴蜀山水、中欧班列·蓉欧快铁、汶川地震灾后重建天府新居家园、藏羌彝汉歌舞表演构成；上层由大熊猫、现代产业体系等元素组成，构成美丽天府、魅力巴蜀、繁荣四川的壮美画卷，表达巴蜀儿女对新中国 70 华诞的美好祝福。

表现形式　用暗藏式轮廓灯光、数控幻彩光电技术营造立体的金山银山；智能控制的小型大熊猫，其欢庆的形态呼应歌舞表演；人持机械道具演绎鲜花怒放、祖国繁荣昌盛的场景，将彩车巡游的氛围推向高潮。

华龙一号
页岩气
和谐
四川

贵州彩车

 "中国天眼"望远镜造型取景框

 黄果树瀑布

 苗绣纹样

 苗绣银饰片

 遵义会议会址

 梵净山蘑菇石

 侗族风雨桥

表现内容 展示新时代贵州精神，彰显“绿水青山就是金山银山”的发展理念，提倡守好发展和生态两条底线，突出红色文化基因传承，展示贵州多彩民族文化的地域性和独特性。聚焦党的十八大以来贵州的巨大发展，围绕“大扶贫、大数据、大生态”三大发展战略，聚焦新发展、新理念、新成就。

创意说明 以贵州“中国天眼”望远镜为主体造型，艺术化处理为镂空框格，形成圆形“取景框”，寓意贵州人民对团结、团圆、圆满美好生活的期待。“取景框”中融入艺术化贵州山水元素、民族元素，突出黄果树瀑布，增强彩车识别性。在艺术化山水间，穿插桥梁高铁、公路隧道群，体现贵州建设的巨大发展。 底座部分以贵州苗绣银饰装饰，体现贵州多民族团结特色风貌。以遵义会议会址模型为车首，体现贵州永远发扬遵义会议精神，贵州发展始终坚持党的领导。

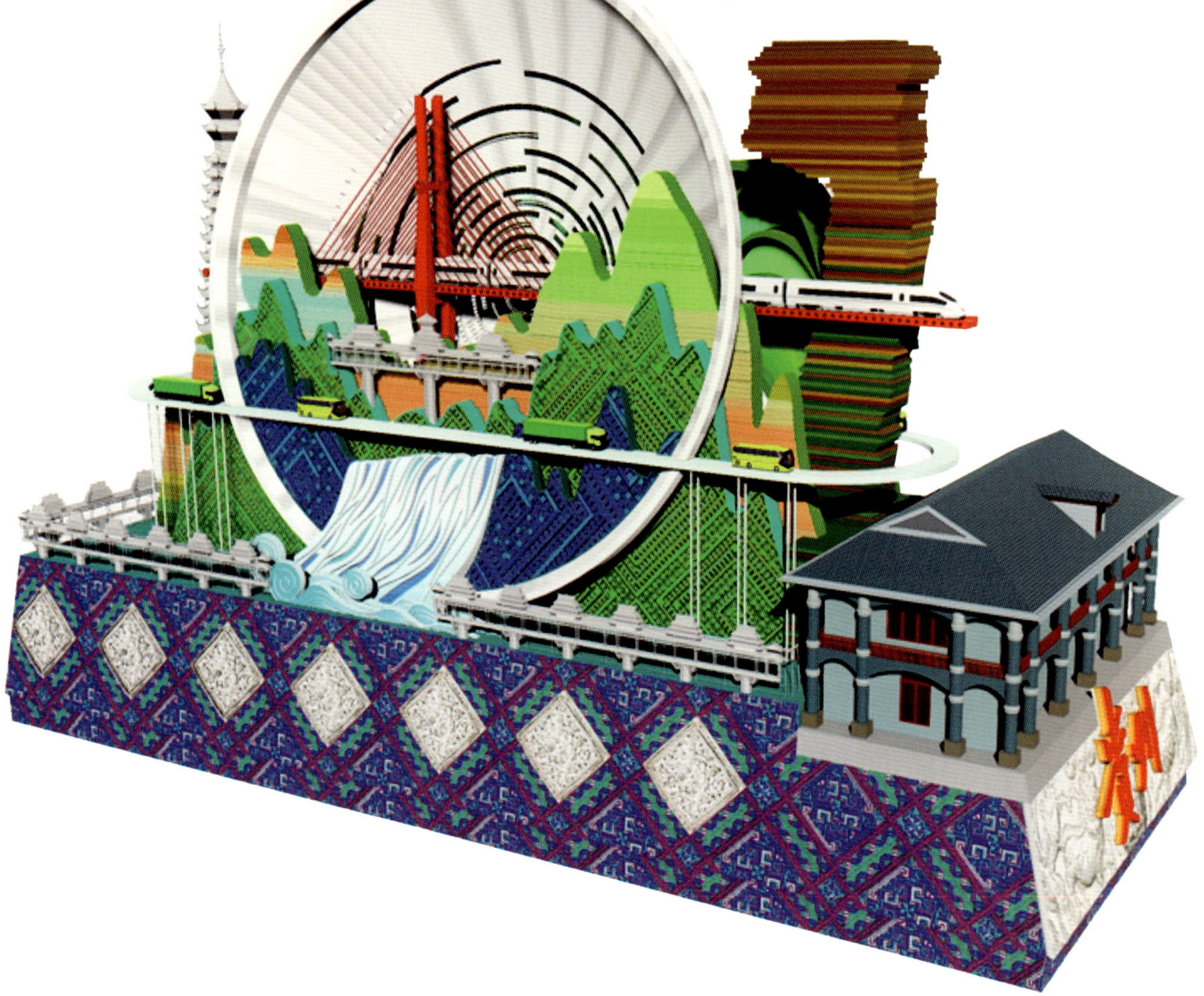

贵州

云南彩车

绿孔雀

七色花环

铜鼓

七彩霓虹

表现内容 以习近平总书记对云南的三个定位（民族团结进步示范区、生态文明建设排头兵、面向南亚东南亚辐射中心）为设计总纲，以“吉祥祖国，美丽云南”“七彩云南，梦的故乡”为设计构思，展示云南团结奋进、跨越发展的生动场景和精神风貌，彰显“七彩云南，旅游天堂；诗画云岭，文化瑰宝；休闲胜境，健康福地；开放前沿，辐射中心”的时代内涵。

创意说明 以云南特有的元素为主体造型。大象象征民族团结，和谐吉祥；绿孔雀象征多姿多彩，美丽富饶；七色花环寓意绿色生态，健康宜居；祥云及山水纹饰展现云岭大地环境优美，山川秀丽；彩虹纽带寓意“一带一路”、互联互通；铜鼓及孔雀瓶造型展现云南悠久的历史文化。

表现形式 主造型孔雀采用三维打印和可变光灯箱制作。

云南

西藏彩车

表现内容　展示幸福西藏。强调党中央对西藏的总定位，西藏是重要的国家安全屏障、生态安全屏障、战略资源储备基地、高原特色农产品基地、中华民族特色文化保护地、世界旅游目的地；强调党中央对西藏工作的总要求，加强民族团结，建设美丽西藏；体现习近平总书记对西藏各族人民的嘱托，做神圣国土守护者、幸福家园建设者，展示一幅生态美、人文美、发展美、生活美的大美西藏画卷。

创意说明　元素简约、主题鲜明、特色突出、呈现靓丽。

表现形式　运用升降、旋转等机械技术手段，以保证限高部分的升降、火车模型的运动、水体的循环、飞翔的黑颈鹤、演员表演等；设计循环、防漏、绝缘的水景工程，以保证水循环系统、水雾效果；高显高亮高清的显示及照明系统，全天候呈现主题内容。

西藏

陕西彩车

秦岭山水

宝塔山

“秦岭四宝”吉祥物

长征系列航天运载火箭

中欧班列“长安号”

表现内容　展示大美陕西，从生态陕西、人文陕西、红色陕西、科技陕西、开放陕西等多个角度出发，用动态模块化的方式向观众展示绿水青山生态佳、历史繁衍文脉长、延安精神流传广、科技荣昌时代新、开放包容明日好的陕西印象。

创意说明　通过艺术与科技的融合，以动态模块化的多媒体技术全方位展现陕西的时代之美。采用艺术造型与多媒体技术相结合的手段，易于观众解读。动态模块化的六大主题造型与艺术化视频内容紧密结合，辅以形象鲜明的“秦岭四宝”吉祥物，传达出陕西的创新精神和开放发展。

表现形式　彩车行进中，多面结构和多造型变化，动态化模块根据主题内容的演变产生升降组合，实现造型与色彩的变化，识别度高、信息量大。

陕西

甘肃彩车

玉如意

祁连山

飞天祥云

“神舟”运载火箭

奔马

表现内容　展示如意甘肃、富民兴陇，展示甘肃壮美的自然风光及辉煌的敦煌文化等元素，展示甘肃坚决落实中央不断开创富民兴陇新局面的战略部署。

创意说明　甘肃版图宛如一柄玉如意，彩车以现代、流畅的如意造型为主体；折线构成的祁连山刚劲有力；飞天祥云流动华美；“神舟”运载火箭挺拔屹立；奔马造型设计简洁现代，为镜面不锈钢制作，能反射周边物体，形成变化炫彩效果，体现奋发向前的气势。各种主要元素有机组合，错落有致，结构稳固，色彩鲜明，寓意吉祥。

青海彩车

“中华水塔”三江源

柴达木盆地清洁能源展示

青藏公路

玉树新村

表现内容 展示“国家公园省、大美青海情”，体现习近平总书记对青海“三个最大”的重要指示精神，即青海最大的价值在生态、最大的责任在生态、最大的潜力也在生态。突出展示青海省委、省政府把生态文明建设放在突出位置，尊重自然、顺应自然、保护自然，筑牢国家生态安全屏障，实现经济效益、社会效益、生态效益相统一的发展理念。

创意说明 以雪山和绿色山体表现三江之源；以翻滚向前的水流为车身主体造型，配以翻卷的浪花；以柴达木盆地造型托举可持续发展的清洁能源；车头以“西宁门”等现代建筑群凸显兰西城市群作为国家批准的城市群建设的成就；青藏铁路起始站西宁站及车尾青藏公路造型共同展现青海交通事业的发展。

中华水塔
青海

宁夏彩车

贺兰山岩画

闽宁镇

宁东能源化工基地

长征纪念馆

宁夏长城

九曲黄河

风力发电

表现内容　展示宁夏践行习近平总书记“建设美丽新宁夏　共圆伟大中国梦”的题词。以“两山一河”（六盘山、贺兰山、黄河）、塞上江南和近 10 年来宁夏经济社会发展成就为整体构图，以新时代宁夏经济社会发展与自然和谐共处为主要脉络，通过绿水青山、特色产业等表现美丽新宁夏和近 10 年来经济社会发展成就。

创意说明　彩车主体“两山一河”高低错落、层次分明；以中国工农红军第一、二、四方面军胜利会师雕塑展现习近平总书记来宁夏视察期间提出的“我们每代人都要走好自己的长征路”；用枸杞、葡萄特色产业及卡通形象展现硕果累累、环境优美，展现近 10 年来宁夏经济发展新成就，展现习近平总书记提出的“塞上江南越来越美了，孕育着新的希望”；通过闽宁镇（生态移民镇）、城市建设、宁东能源化工基地，凸显振奋精神、实干兴宁的新图景；车体底部以中国传统水纹镶嵌，与彩车中的“两山一河”交相呼应，展现改革开放特别是近 10 年来宁夏狠抓生态文明建设，使黄河水由黄变蓝的新成果。

表现形式　黄河以 LED 屏幕为表现形式，颜色由黄渐变为蓝。

寧夏

新疆彩车

石榴

五彩丝带

歌舞之乡

新时代、新画卷

三山夹两盆

表现内容 以 2015 年习近平总书记为新疆维吾尔自治区成立 60 周年的题词“建设美丽新疆，共圆祖国梦想”为创意依据和设计思路，表达新疆距离首都北京虽远，但新疆各族儿女的心始终与以习近平同志为核心的党中央紧紧地贴在一起、连在一起；表达天山儿女对祖国最深情的祝福。

创意说明 主元素红色石榴代表新疆 2500 万各族儿女像石榴籽一样紧紧地抱在一起；巨幅 LED 画卷生动反映新时代天山南北的巨大发展变化和秀美风光；前部“纳格拉”鼓形舞台上各族人民翩翩起舞，祝福新中国 70 华诞；两侧的五彩丝带寓意丝路文化、绿洲文化、草原文化、城市文化、军垦文化，共同烘托出“建设美丽新疆，共圆祖国梦想”的主题。

香港
新疆

香港彩车

香港故宫文化博物馆

戏曲中心

M+ 视觉文化博物馆

香港科学园

西九龙高铁站

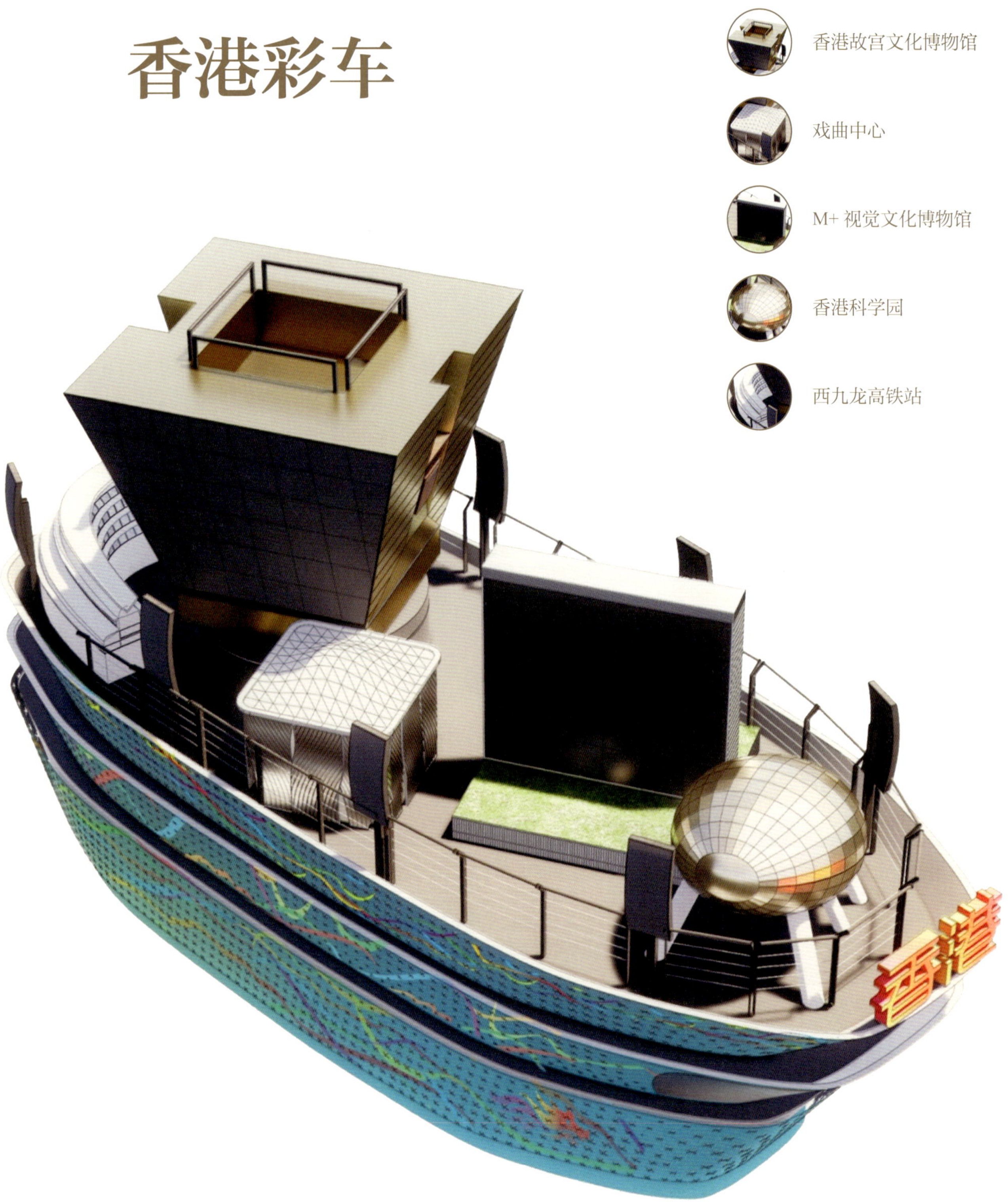

表现内容　展示香港乘风破浪、追求发展，以“香港进”为主题，彰显香港联系广泛，是国家双向开放的重要桥头堡，凸显香港的亚洲国际都会地位。

创意说明　以香港故宫文化博物馆、戏曲中心和 M+ 视觉文化博物馆为主体造型，香港科学园和西九龙高铁站造型相对较小，达到主次分明效果，展现香港作为国际金融中心、贸易及航运枢纽的独特地位。

表现形式　运用 LED 屏幕和立体化升降旋转等现代科技元素，在彩车上、周边及车身部分制造不同的动态及颜色变化，增强整体视觉效果。两个博物馆外墙装有 LED 屏幕，故宫文化博物馆内藏升降舞台，M+ 视觉文化博物馆屏幕可升降和转动。

门
香港

澳门彩车

莲花造型

中央喷泉造型

大三巴牌坊

澳门大学新校园

街道标识柱

表现内容　展示澳门践行国家在新时代对澳门“一中心一平台一基地”的定位，反映澳门特区在中央政府的支持下，在特区政府的努力和全体居民的共同参与下，社会繁荣、和谐共融，充分体现宜行、宜游、宜乐、宜业、宜居。

创意说明　以澳门莲花造型为主视觉元素并延伸为车体，车体分三个部分表现。第一部分以标志性建筑为主；第二部分以中央喷泉为舞台，展示区域特色文化的内涵；第三部分以 LED 屏幕展示节庆、美食等内容。

表现形式　彩车经过天安门时，车上有多层次光影效果。以大三巴轮廓做 LED 屏幕墙，呈现“澳门光影节”的效果，播放综合度假设施发展等丰富影像；车身 LED 屏幕展示节庆、美食等丰富内容，厨师与其他展演人员进行主题表演。

世界旅游休闲中心
中葡商贸合作服务平台
文化交流合作基地

台湾彩车

闽台红砖古厝屋顶

台湾山脉

蝴蝶兰

唐山过台湾等浮雕

表现内容　展示“两岸一家亲，共圆中国梦”。凸显大陆与台湾同属一个中国，两岸同胞是血脉相连、亲望亲好的一家人；两岸同胞携手同心，共同推动两岸关系和平发展，共创中华民族伟大复兴的美好未来。

创意说明　以闽台红砖古厝写意屋顶为主体形象，代表“家”的内涵，表达两岸同胞同文同种，是亲望亲好的一家人。圆形 LED 屏幕宛若一轮升起的明月，营造出两岸团圆的情感意境。绵延的阿里山及云海寓指台湾美丽的自然风光；漫山盛开的蝴蝶兰寓指宝岛台湾物产丰富，美丽富饶。底座和裙边为海浪造型，寓意两岸地缘相亲、海水相接，自古同属一个中国。

表现形式　圆形 LED 屏幕以视频展现台湾有代表性的自然景点、人文景观、法理历史、两岸关系发展最新成就等内容。

打破隔绝返乡探亲
台湾

伟大历程　辉煌成就
国庆群众游行彩车

庆祝中华人民共和国成立 70 周年
大型成就展领导小组办公室
编

版权所有　侵权必究

侵权举报电话：+86-10-63906404
如有印装质量问题，请寄本社营销发行部调换

ISBN 978-7-5182-1112-8

图书在版编目（CIP）数据

伟大历程　辉煌成就. 国庆群众游行彩车 / 庆祝中华人民共和国成立70周年大型成就展领导小组办公室编. -- 北京 : 中国计划出版社, 2020.9
（庆祝中华人民共和国成立70周年大型成就展专题画册）
ISBN 978-7-5182-1112-8

Ⅰ. ①伟… Ⅱ. ①庆… Ⅲ. ①社会主义建设成就—中国 Ⅳ. ①D619

中国版本图书馆CIP数据核字(2019)第294640号

中国计划出版社出版
网址：www.jhpress.com
地址：北京市西城区木樨地北里甲 11 号国宏大厦 C 座 3 层
邮政编码：100038
电话：+86-10-63906433（营销发行部）
新华书店经销

责任编辑：李　陵
责任校对：杨奇志　王　巍
责任印制：赵文斌　李　晨
装帧设计：张志奇　麻莉敏
美术编辑：韩可斌
北京雅昌艺术印刷有限公司印刷

370mm × 260mm　1/8
30 印张　232 千字
2020 年 9 月第 1 版
2020 年 9 月第 1 次印刷
ISBN 978-7-5182-1112-8
定价：530.00 元